LA PETITE THÉRÈSE DE MONTRÉAL

ISBN 9803903-3-X

Réalisé sous la supervision de : Arrimage Gestion Impression Inc.

Couverture : Jean Fournier

Mise en pages : Mégatexte inc.

Dépôt légal Bibliothèque nationale du Québec
Dépôt légal Bibliothèque nationale du Canada

Publié à compte d'auteur

*L'Esprit de Dieu témoigne dans nos cœurs
que nous sommes ses enfants.
C'est l'Esprit du Fils qui crie :
«Abba! Père!»
À tous ceux et celles qui se laissent guider par cet Esprit comme
s'est laissée conduire Sœur Jean-Baptiste, ces pages sont dédiées.*

Un merci bien spécial à Sœur Laurette Lavergne, nièce de Sœur Jean-Baptiste, qui m'a reçu tant de fois et m'a fourni des informations de première main sur sa vénérée tante.

Yvon Langlois

LA PETITE THÉRÈSE DE MONTRÉAL

Du même auteur

– aux éditions La Pensée Universelle (Paris) :
  * *Les plantons*
  * *Les pâquerettes pourpres*

– aux éditions Humanitas, nouvelle optique (Montréal) :
  * *Ces apatrides aux semelles de vent*
  * *Confessions d'un Québécois ordinaire*
  * *La soutane rebelle*
  * *Peut-être que je suis d'ailleurs*
  * *Un printemps tardif*

– aux éditions Guérin (Montréal) :
  * *De la plume au plumage*

– aux éditions Lidec :
  * *Une lanterne dans la nuit : Rosalie Cadron-Jetté, sage femme*

– à compte d'auteur :
  * *Jeanne Le Ber, blanche orchidée*, traduit en espagnol et en anglais
  * *Jérusalem, au sommet de ma joie !*
  * *L'aujourd'hui de ta Parole*

AVANT-PROPOS

On s'imagine souvent les saints coulés dans un moule préfabriqué par Dieu de toute éternité. Et le plus souvent, des personnages en dehors de la réalité de tous les jours. On les voit plutôt un peu tristes, privés des joies les plus simples comme croquer une pomme, savourer le sirop d'érable, déguster une glace. L'histoire nous rapporte si peu d'exemples de saints proches de nous. Pourtant saint François de Sales ne nous a-t-il pas rappelé que «un saint triste est un triste saint?»

C'est vrai aussi que les saints, nous nous les imaginons toujours enfouis en Dieu, inabordables. Bien sûr, on s'attend à voir les saints remplis de Dieu et nous en parler d'abondance de cœur. Rappelons-nous saint Dominique immortalisé par Sœur Sourire dans sa chanson «Dominique, nique, nique, s'en allait toujours content... En tout chemin, en tout lieu, il ne parle que du bon Dieu...» Oui, mais saint Dominique, c'est loin. Ça remonte au Moyen-Âge! Parlez-nous donc, me direz-vous, de personnes plus proches de nous dans le temps, de personnes qui nous ressemblent sur certains côtés.

C'est le cas de celle que je veux vous présenter, Marie-Lucille Duchaîne, mieux connue par ses écrits sous le pseudonyme «Une Sœur de la Providence». C'est ainsi qu'elle signait tous ses écrits. Pour ses poésies, elle empruntait plus volontiers celui de «*hostiam laudis*».

En réalité, il s'agissait de Sœur Jean-Baptiste, des Sœurs de la Providence. Ses ouvrages spirituels d'une grande richesse doctrinale et d'une simplicité évangélique ont marqué des générations chez nous. Elle aussi ne parlait que du bon Dieu mais elle savait aussi apprécier le bon chocolat et les gâteries de la terre. Elle n'était pas non plus la petite fille sage comme une image, toujours perdue en Dieu, du moins, pas dès sa naissance. Il faut suivre son petit bonhomme de chemin pour le comprendre. Vous voulez bien le prendre avec moi?

***

Marie-Lucille devait un jour suivre son destin chez les Sœurs de la Providence. Elle naquit justement à Providence, au Rhode Island, le 29 février 1896. Ses parents avaient dû s'exiler aux États-Unis pour survivre à la crise qui frappait durement les familles francophones du Québec d'antan. Peu de temps après sa naissance, en 1898, ils revinrent au Québec et s'établirent dans la région de la Mauricie. On peut le constater par la naissance d'un fils, Charles, né à Sainte-Flore le 10 août 1898. Quatorze enfants naquirent de leur union. C'est ce qu'affirme Marie-Lucille dans son livre *Une âme de prêtre*. Lucille était la neuvième enfant de la famille.

On sait peu de choses de son enfance. Cependant, en relisant ses calepins, Marie-Lucille parle fréquemment de ses premières années. Comme la petite Thérèse, qui deviendra plus tard son modèle, Marie-Lucille tient un journal, fidèle miroir de son âme. Elle a laissé ses calepins à sa nièce, Sœur

Laurette Lavergne, religieuse dans la même communauté. Et celle-ci a eu la gentillesse de me les passer.

Si Flaubert a pu dire de son roman «Madame Bovary, c'est moi», nous indiquant par là comment un auteur se révèle entièrement dans son œuvre, de son côté, Marie-Lucille dira en toute simplicité : «Ce pauvre journal, c'est moi. C'est moi qui parle au lieu d'écrire».

Et c'est avec son cœur qu'elle écrit. «Oui, mon cœur sert ma plume beaucoup plus que mon esprit, dit-elle encore. Et la preuve, c'est que je reste à court de mots et de phrases, non pas quand les idées me manquent, mais bien quand je n'ai pas le cœur dans ces idées, c'est-à-dire quand je n'ai pas ressenti profondément les choses que je veux exprimer.»

Ces lignes, elle les a écrites «souvent à la noirceur, à moitié endormie, sans réflexion», «suivant toujours les premières idées venues qui (lui) passaient par la tête». Elle n'écrit «pas non plus pour être lue» mais «sous la pression d'un appel intérieur et d'un besoin spirituel dûment contrôlé par le père de (son âme) qui souhaite qu'elle ne cesse pas.»

Pour nous, ces documents sont très précieux. Ils disent beaucoup. Leur spontanéité nous révèle toute son âme, une âme candide qui dévoile son intimité secrète. Une grande et remarquable mystique aussi. On le dira un jour quand elle sera plus connue. J'en suis certain, on la comparera à Catherine de Sienne, à Marie de l'Incarnation ou à Angèle de Foligno.

Elle écrivait pour elle seule, sans cachette, «ses peines peu nombreuses, ses joies intérieures qui en font le principal objet, de son bonheur de vivre dans la maison de Dieu». «C'était mon intime que je gravais sur ces feuilles blanches» dit-elle encore à son frère prêtre Raymond. Elle écrira le 25 mars 1930 : «Je n'ai pas le temps de ciseler mes phrases et j'écris toujours au fil du cœur et de la pensée.»

Ses calepins nous serviront de cailloux blancs pour suivre son itinéraire spirituel. Je n'ai pas l'intention d'indiquer ici toutes les pages citées de son journal non paginé. Cela deviendrait fastidieux. D'ailleurs, ils ne sont pas publiés et dorment aux archives de la Maison mère. Je me contenterai de mettre les guillemets. Ils indiquent toujours la même source, ses calepins.

Sœur Jean-Baptiste a beaucoup écrit. Dans les années 1950, elle était connue partout au Québec. On la voyait au programme de toutes les lectures spirituelles des communautés religieuses du temps. Quand il s'agira d'un de ses livres, je serai plus précis dans mes citations.

Elle a influencé une foule de gens par ses lettres (plus de 800!) d'encouragement et d'invitation à l'abandon à la Providence. Ses entretiens tout simples aux religieuses, religieux et prêtres qui la consultaient au cours de retraites en faisaient une directrice spirituelle sûre, sage, éclairée dans les voies de Dieu.

Ses grandes lumières reçues d'en haut peuvent encore irradier les chemins ténébreux de cette fin de siècle. Tant de gens cherchent à tâtons et s'engouffrent dans des culs-de-sac qui ne mènent nulle part. Je la propose surtout aux jeunes qui pensent trouver dans le suicide, solution à leurs problèmes. Sœur Jean-Baptiste leur propose une autre voie, ardue il est vrai mais toute simple et à la portée de tous. C'est la petite voie de sainte Thérèse de Lisieux adaptée à notre milieu, vécue par l'une des nôtres, ici même à Montréal, sur la rue Fullum, dans cet immense édifice gris qui existe encore aujourd'hui. Depuis son entrée en communauté jusqu'à sa mort en 1950, elle y a vécu une vie toute simple, dans un abandon total à l'amour de Dieu. Une vie obscure, ignorée mais précieuse aux yeux de Dieu car elle croyait profondément à l'*apostolat de l'élite cachée*. Elle en sera même la plus belle concrétisation.

Si le curé d'Ars a pu dire que «dans une âme unie à Dieu, c'est toujours le printemps», découvrir l'âme de Sœur Jean-Baptiste, c'est pénétrer dans un verger. Si vous aimez la poésie des pommiers en fleurs, leurs arômes parfumés, la délicatesse de leurs pétales fraîches, suivez-moi. Vous ne serez pas déçus. Connaître Sœur Jean-Baptiste, c'est devenir meilleur. C'est sentir passer une brise légère, embaumée, quelque chose comme la brise si douce qui caressait le prophète Élie. C'est sentir passer le Souffle, l'Esprit de Dieu.

Mon admiration pour cette grande religieuse m'a peut-être poussé à employer parfois des termes de vénération. Conformément au décret d'Urbain VIII, je m'en soumets avec respect au jugement de l'Église sur cette question.

Yvon Langlois

*Photo de Sœur
Jean-Baptiste
quelques jours
avant son entrée
au couvent.*

LA P'TITE MARIE

À la maison, on l'appelait tout simplement la p'tite Marie pour la différencier d'une cousine qui portait le prénom de Marie elle aussi. À son dire, Marie-Lucille, ou si vous aimez mieux la p'tite Marie, était «fillette légère et taquine», d'une gaieté folle et expansive. Elle était la neuvième d'une famille de quatorze enfants dont deux seront prêtres et trois, religieuses de la Providence.

Dans la biographie de son frère, Louis-Ernest, elle dit de son père qu'il était «apprenti-menuisier, honnête homme, excellent chrétien, d'une parfaite fidélité à tous ses devoirs religieux. Son autorité à la maison faisait loi.»(1) Elle nous présente sa mère comme l'âme dirigeante de la maison où elle faisait régner la paix, l'ordre et la vertu. Pour ses enfants, cette femme avait un amour tendre et viril, incapable de flatter leurs mauvais penchants. Elle n'avait vraisemblablement qu'un mot à la bouche : «Si le bon Dieu le veut» ou «Il faut faire la volonté de Dieu.»(2)

La petite grandissait au sein d'une famille unie dans un milieu bucolique. En effet, depuis 1908, la famille Duchaîne avait quitté le village de Sainte-Flore pourra aller résider aux «Petites-Piles, lieu champêtre et isolé, vrai nid de verdure et de fraîcheur, qui offrait à ses heureux habitants les charmes de la solitude et les beautés de la grande nature. La maison familiale, à quelques pas de la rivière Saint-Maurice, était perdue au milieu d'un bocage touffu, «comme un nid d'oiseau dans les branches; quoique d'apparence modeste, elle était jolie sous cette parure verdoyante et fraîche.»(3) Dans une lettre adressée à sa sœur Cécile(4), le premier juillet 1911, elle lui parle «des bouleaux blancs de la forêt des Petites Piles, des grands érables du bocage, de la rivière calme et paisible».(5)

La petite était sensible aux beautés de la nature mais aussi aux touches subtiles de l'Esprit qui agissait en elle. Ainsi, elle s'émeut aux larmes face à un «Ecce homo» qui allume dans son âme ingénue une flamme nouvelle d'amour. Un jour, elle demande à sa mère s'il existe une montagne très haute où elle pourrait crier pour que tout le monde entende qu'IL FAUT AIMER BEAUCOUP LE BON DIEU! «Que sera cette enfant?» a dû se demander sa mère...

Son zèle pour le salut des âmes apparaît de façon précoce et surprenante, pour le moins. On sait que Sainte-Flore est un pittoresque endroit, fréquenté par les touristes américains depuis toujours. Beaucoup d'entre eux étaient protestants de religion et, bien entendu, ne fréquentaient pas l'église du village pour la messe dominicale. Or, la p'tite Marie avait entendu au catéchisme le fameux slogan: «Hors de l'Église, pas de salut!» Nous étions loin alors de Vatican II et de l'œcuménisme ouvert. Un bon dimanche, elle se met en tête de convertir ces pauvres âmes. Quand elle voit apparaître au coin de la rue, la charrette remplie de touristes joyeux, elle se met à leur crier qu'ils vont tous se damner s'ils ne changent pas de religion! En voyant gesticuler cette gamine dont ils ne comprennent pas le langage, les touristes amusés lui envoient la main en signe d'amitié et continuent leur chemin, sans plus. La précoce zélatrice, confuse, revient bredouille à la maison. Ce jour-là, elle prend conscience de l'inefficacité des efforts humains dans le domaine surnaturel.

Elle fréquente d'abord l'école des Sœurs de la Providence de Saint-Tite pour ses études en vue d'obtenir le «diplôme modèle». Elle était prête pour les examens mais avoue encore à sa sœur Cécile qu'«elle est refusée parce qu'elle n'a pas l'âge réglementaire.» (lettre du 17 mai 1912). «Je me suis résignée sans trop de peine, à la volonté de Dieu» avoue-t-elle. Déjà, elle indiquait ici le leitmotiv qui sous-tendra toute sa vie: la volonté de Dieu. On la garde donc une année de plus au Pensionnat de Saint-Tite. Pendant cette année, elle remplit des tâches qui relèvent plutôt de la compétence des adultes. Ainsi, une élève cleptomane avait pris la mauvaise habitude de dérober tout ce qui lui tombait sous la main. La p'tite Marie devait la surveiller et lui faire vider son sac avant chaque sortie de classe.

C'est ainsi qu'elle fut projetée dans le monde des grandes personnes. On disait d'elle qu'elle était surprenante, très personnelle, capable de convaincre et de persuader, bref, faite pour guider les âmes dans le bon chemin.

Elle aurait pu se marier très jeune comme la plupart des filles du temps. «Bien des tendresses humaines s'étaient discrètement offertes à elle au cours de l'année, en la grande ville montréalaise» révèle-t-elle pudiquement à sa sœur religieuse (Sœur Pierre-Olivier). Son caractère facile lui ouvrait d'ailleurs tous les cœurs. «J'étais rieuse, dit-elle, et tout le monde m'aimait.»

Elle avait cependant «promis à Notre-Seigneur de n'aimer que lui seul.» Elle l'expliquera plus tard: «Je ne vis en réalité que par le cœur. Seulement, jamais l'amour humain sensible n'a eu de prise sur moi, non parce que j'ai le cœur dur et fermé, mais parce que, dès ma petite enfance, un amour unique, un grand amour s'en est emparé et l'a dominé à jamais : l'Amour de Jésus !» Et plus loin, elle écrira : «C'est Lui qui, ayant conquis mon cœur de jeune fille, l'a rendu assez fort pour se dérober aux poursuites séduisantes des affections humaines rencontrées sur ma route. C'est Lui, ah ! c'est Lui seul qui m'a menée en la maison de Dieu avec l'unique ambition d'y vivre et d'y mourir d'amour pour Jésus.» Ailleurs, dans une poésie en date du 22 janvier 1922, intitulée «MON SEUL AMOUR», elle nous révèle :

Un jour, une tendresse humaine
Vint solliciter ma faveur,
Mais sa démarche resta vaine
Car je ne trouvai point mon cœur :

Il était perdu dans les flammes
De celui de mon cher Jésus !...
Désormais que nul ne réclame
Un cœur qui ne m'appartient plus.

***

Elle pensa à la vie cloîtrée, vu son attrait pour la méditation et son culte eucharistique. Le curé Jean-Baptiste Grenier eut vite fait de la dissuader et lui conseilla plutôt les Sœurs de la Providence. À l'époque, voix de curé, voix de Dieu !

Elle n'a donc que dix-sept ans et demi quand elle frappe à la porte des Sœurs de la Providence de Montréal, le 21 août 1913. Son père fut particulièrement peiné de cette séparation. «La maison lui paraît un peu vide et silencieuse depuis que la petite tapageuse est partie.» Mais il sait que sa p'tite Marie a fait le meilleur choix. Elle a choisi «la meilleure part».

Marie-Lucille restera toujours attachée aux siens et leur gardera une tendresse jamais départie. En janvier 1915, elle écrit un poème «à son cher papa qui s'ennuie» et aime à se rappeler les beaux jours passés à Sainte-Flore :

Quand j'étais au couvent, durant la longue étude,
Le front toujours penché sur mes livres jaunis,
Je rêvais de «chez-nous»...c'était mon habitude :
Oh! combien j'en ai fait de ces rêves bénis!

Je revoyais encor le ciel bleu, la rivière,
Je croyais écouter le doux chant des oiseaux,
J'entendais le murmure et la douce prière
Que fait la brise molle à travers les roseaux...

Puis, de la poésie douce, elle passe à la dure réalité :

Les enfants ont grandi : les beaux jours sont rapides
Ils ont quitté le toit pour s'envoler au loin.
Au foyer si joyeux, il se fit de grands vides,
Il se versa des pleurs dont Dieu seul fut témoin.

Mais pourquoi s'attrister? C'est ainsi qu'il faut vivre!
Les nids de nos grands bois n'étaient pas toujours pleins
Et les oiseaux partaient à la saison du givre...
Eux aussi, les foyers, ont de tristes déclins.

Finalement, elle invite à regarder plus loin :

Car notre vrai chez-nous, il n'est pas sur la terre
Et c'est bien vainement qu'on le cherche ici-bas...
Il faut lever les yeux vers la céleste sphère
Pour trouver le «chez-nous» qui ne finira pas.

Courageuse, Marie-Lucille commence donc son postulat avec une grande ferveur. Rien ne lui semble tellement difficile. Elle avoue elle-même : «La méditation me plaît, la prière me ravit, le silence m'élève, j'aime tout autour de moi.» Les supérieures, enchantées de son comportement, fondent de grands espoirs sur elle. De l'avis de sa maîtresse, Sœur Marie-du-Bon Conseil: «Ce n'est pas de valeur de recevoir des enfants comme elle : elle est tout élevée.»

Marie-Lucille se sent des ailes «avec le besoin de les ouvrir toutes grandes». Elle apprendra avec le temps, comme toute bonne religieuse, que la perfection est une longue patience. Comme le génie.

Au postulat, elle est le boute-en-train de la communauté. «Je suis réellement gaie, dit-elle, et je pense : dans la maison du bon Dieu, les cœurs sont toujours sereins et l'âme calme.» Sérieuse quand il le faut mais pas davantage. «Nous nous amusions bien, ajoute-t-elle encore, et une atmosphère de joie sereine plane toujours au-dessus de nos têtes.» Au temps de repos, elle en profite. Et la langue se délie facilement, surtout la sienne.. «J'ai parlé et parlé» avoue-t-elle encore. Avec ses compagnes, elle garde son allure gamine : «Je saute, je chante, je danse avec mes compagnes». Elle aime «la diversité, le train, le bruit des congés» et supporte difficilement «l'isolement et la froideur». Un peu espiègle sur les bords cependant... Quand on distribue des bonbons, par exemple, il lui suffit «de faire les yeux doux à la distributrice pour en prendre plus que les autres». Généreuse quand même. Un jour, elle reçoit un panier de poires et de pêches de sa tante Ozanna. Elle s'empresse aussitôt de les distribuer aux sœurs malades.

Comme on le voit, elle n'a rien d'une fillette refermée sur elle-même car, de son avis même, elle «a le nez fourré partout».

Son talent littéraire perce déjà. On fait appel à ses services pour des adresses, des sketches, des poèmes, et que sais-je encore. Une future professe vient lui demander un jour de composer une lettre d'invitation à son curé. Or, Lucille est justement très occupée dans ses «barbouillages».

Il lui en coûte de laisser de côté son inspiration pour un pensum du genre. Elle ne répond pas oui tout de suite. Mais la demanderesse «a l'air en peine». Lucille réussit à ne montrer aucun signe d'impatience, un vrai prodige, selon elle, et elle se met au travail». Elle ne sait pas refuser.

C'est ainsi qu'elle passe le temps de son postulat entre la prière, les besognes humbles et monotones et la compagnie de jeunes filles toutes animées comme elle d'entrain et de bonne humeur.

***

1) *Une âme de prêtre,* 1929, p. 2
2) *ibid.,* p. 3
3) *ibid.,* p. 41-42
4) Cécile prendra en religion le nom de Sœur Marie-Lucille, sans doute en hommage à sa sœur cadette. Une autre sœur, Blanche les suivra en religion. Il s'agissait de Sœur Pierre-Olivier. La supérieure de l'époque n'était autre que leur tante, Sœur Ozanna. Quand les deux filles de la sœur aînée Albertine, (Yvonne et Laurette) vinrent les rejoindre dans la même communauté, on y retrouvait donc trois générations.
5) lettre du premier juillet 1911.

SUR LES PAS DE LA GRANDE PETITE THÉRÈSE

Petit à petit, Marie-Lucille forge en elle les petites vertus, les vraies, faites de petites morts à soi-même si fréquentes dans la vie de tous les jours. Parce qu'elle en vit, elle peut donner des recommandations précises et pratiques. Ainsi, elle suggère des exemples puisés dans l'ordinaire de ce qui se pratique au couvent : «on voudrait s'asseoir, il faut rester debout ; on aimerait écrire ou composer, il faut balayer, épousseter ; on aimerait balayer, épousseter, laver, il faut écrire bien tranquille toute la journée, parce que l'obéissance est là».

Un jour, une compagne lui dit : «Il me semble que vous avez énormément changée : vous paraissiez grande, droite ; maintenant, vous voilà petite, avec un léger accent de bosse dans le dos, et votre démarche a moins d'assurance et de fermeté ; je dirais plutôt qu'elle a l'air fatiguée.» Devant cette rebuffade, Marie-Lucille répond : «Eh bien, depuis trois mois que je travaille à acquérir la vertu d'humilité ; depuis mon entrée que, après tant et tant d'efforts et de prières, j'étais persuadée n'avoir rien rien rien fait, et être restée la même. Sans le savoir, et croyant plutôt produire un effet contraire, une compagne me lance cet éloge... Oui, j'ai tout reçu comme tel. Il ne vaut pas grand' chose, à la vérité, mais quand on est sur le point de se décourager et qu'on se dit : je ne viendrai jamais à bout d'acquérir l'humilité, on s'accroche à tout... Et j'ai conclu que, puisque, mon extérieur est un peu moins altier et hautain, et que j'ai plutôt l'air pauvre, l'air d'une vieille fatiguée, c'est qu'au fond, j'ai un peu moins d'orgueil dans le cœur ; sans cela, cet orgueil transpirerait plus au dehors.»

La petite Thérèse n'agissait pas autrement. Un jour qu'on demandait une sœur pour un travail urgent, elle retarde d'offrir ses services pour laisser la chance à une autre sœur qui, pense-t-elle, aimerait faire cette besogne. Thérèse reçoit des remontrances pour son retard à obéir. On la sermonne : «Je pensais bien que vous ne mettriez pas cette perle à votre couronne! Vous alliez trop lentement!» lui dit sa supérieure. L'humble carmélite encaisse le coup en silence et commente : «Je ne saurais dire combien ce petit événement me fut profitable et me rendit indulgente. Puisque mes petits actes de vertu peuvent être pris pour des imperfections, on peut tout aussi bien se tromper en appelant vertu ce qui n'est qu'imperfection...» C'est exactement ce que pense Marie-Lucille.

Bien entendu, elle goûtera aux consolations que Dieu dispense à ceux qui le suivent avec sincérité. Mais la vie spirituelle n'est pas faite seulement de consolations. Au tout début de sa vie religieuse, Marie-Lucille connaîtra les nuits obscures qui permettent, dans la foi nue, de s'attacher au Dieu des consolations plutôt qu'aux consolations de Dieu. Elle entre dans une grande sécheresse spirituelle : dégoût continuel pour la prière et le service divin et une crainte vague de ne pas être acceptée au noviciat. Mais le trouble est vite dissipé. Elle sera acceptée. Elle continue à barbouiller son journal avec franchise : «Je ne suis pas capable, dit-elle, de donner un ton emprunté aux phrases». Tant mieux pour nous !

Déjà, elle a trouvé sa voie. Elle n'en déviera pas d'un centimètre. Dès sa retraite de vêture, le 27 février 1914, elle écrit encore : «J'ai compris que c'est le bon Dieu qui mène tout ici-bas, et j'ai dès lors réglé mon intérieur sur le grand principe de l'abandon à tous ses bons plaisirs, ce qui va loin : sur ce terrain, l'horizon s'élargit à mesure qu'on avance.»

Le 21 août 1913, elle commence son noviciat à la Maison des Sœurs de la Providence de Montréal. Et c'est à travers les humbles pratiques de la prière, des observations de la Règle et des tâches ordinaires, qu'elle se prépare avec ferveur à sa profession religieuse.

Elle gardera un bon souvenir de son noviciat qu'elle rappellera dans un poème à une ancienne compagne :

> Te souvient-il des moments si tranquilles
> De notre labeur journalier ?
> Le front penché, les doigts toujours agiles,
> Oh ! qu'il était doux de prier !
>
> Te souvient-il de nos fêtes joyeuses
> Où brillait la simplicité ?
> Dans l'atmosphère où nous vivions heureuses
> Régnait la douce charité.
>
> Ma sœur, qui nous rendra les jours de notre enfance
> Avec leur paisible bonheur ?
> Qui nous rendra la paix et la sainte espérance
> De notre première ferveur ?

Le 28 février 1915, elle se donne «sans réserve» à Jésus par l'émission des vœux de religion. Elle ne se reprendra pas. Elle s'offre en victime à l'amour eucharistique pour la sanctification des âmes sacerdotales et religieuses et pour l'Église universelle. «Que je sois une victime sans gloire, sans éclat, toute cachée aux yeux des hommes.» écrit-elle dans *Notes intimes,* «que je m'immole sous vos seuls regards, dans le silence, sur le mystérieux bûcher de votre sainte volonté qui exigera de moi, à chaque instant quelque nouveau sacrifice, du corps, de l'esprit ou du cœur.»(1)

Le jour même, elle écrit cet acte de donation totale :

Ô mon divin Époux, Jésus, vous savez avec quelle ardeur je ne mets aucune restriction dans l'oblation que je vous fais aujourd'hui. Oui, c'est sans réserve que je me donne à vous, ô mon bon Jésus. Je sais que vous m'acceptez puisque c'est vous qui m'avez choisie...mais j'ai peur de reprendre un jour quelque chose de mon holocauste : je suis sujette à tant de fautes et ma faiblesse est si grande. Ne permettez pas, ô mon Jésus que je vous sois infidèle. Venez me chercher si un jour je devais oublier mes saints engagements, car j'aime mieux mourir mille fois plutôt que de vous offenser de propos délibéré. Afin d'éviter les pièges du démon, du monde et de ma propre nature, je me jette en vos bras et veux me cacher en votre divin cœur pour y vivre et mourir dans un abandon complet de tout moi-même, sans inquiétude sur tout ce qui concerne mes intérêts spirituels et temporels, remettant le soin de toutes choses à votre Bon Plaisir (Bon Plaisir est écrit en rouge).

Je vous donne ma vie, Seigneur Jésus, pour qu'elle soit uniquement vouée à votre gloire, au salut des âmes de mes frères les pécheurs, surtout pour la sanctification de vos prêtres, ô Jésus Hostie. En ce beau jour où vous me faites reine, vous ne pouvez me refuser, je ne vous demande qu'une chose, ô mon Bien-aimé, comme gage de notre céleste union : donnez-moi votre Amour.. consumez mon cœur de ce feu divin que vous êtes venu apporter sur la terre. Que votre seul Amour soit la passion de ma vie et que pour la posséder, je méprise tout le reste !

Mais je sais bien que votre amour ne va pas sans la souffrance. Aussi je vous prie, mon Jésus de ne pas me ménager les croix. Me voici, chargez-en mes faibles épaules et aidez-moi à vous suivre jusqu'au sommet du calvaire. Oui, je veux souffrir pour vous aimer. Je me prête avec bonheur à toutes les opérations douloureuses par lesquelles il vous plaira de purifier mon âme. Et quand j'aurai assez souffert et assez aimé, venez, mon céleste Époux, venez me chercher, votre petite épouse s'ennuie en exil, loin de vous. Venez, et faites entendre à mon cœur dévoré du désir de vous voir l'appel amoureux adressé à l'Épouse du *Cantique*. « *Veni de Libano, sponsa mea, ...coronaberis...*» (28 février 1915).

À sa profession, elle reçoit le nom de Sœur Jean-Baptiste. Elle saute tout de suite au programme que lui impose ce nom. Elle regarde l'humilité et le détachement du Précurseur. Son «il faut qu'il croisse et que je diminue» devient pour elle une invitation à l'oubli d'elle-même dans les plus intimes retranchements du moi. Elle prend comme première résolution : «vivre dans un parfait abandon au bon plaisir de Dieu sans inquiétude ni désir, comme le petit enfant dans les bras de sa mère.»

Il semble bien que Jésus ait entendu et exaucé au pied de la lettre la supplique de la nouvelle professe, car Sœur Jean-Baptiste traçait ce jour-là, à son insu, ce qu'elle a été tout au cours de sa vie : une âme totalement abandonnée au bon plaisir divin, dévorée d'un zèle ardent pour faire connaître et aimer l'Amour. Et les croix ne lui ont pas manqué.

À cette époque, ses calepins regorgent de prières les plus intenses les unes que les autres, d'élévations, de résolutions, de litanies, d'actes de consécration, de poèmes spirituels.

On la nomme aide au secrétariat général et assistante à la rédaction. Elle ne sera jamais responsable en titre mais seulement «aide». Thérèse non plus ne fut jamais maîtresse des novices officiellement. On l'appelait seulement «compagne des novices». Ce n'est donc pas sans raison que Sœur Jean-Baptiste la choisit comme patronne spéciale et tente de reproduire à sa manière ses vertus de charité, d'humilité, de simplicité, d'obéissance.

Cela lui vaut des quolibets de la part des Sœurs. C'est la pénible petite «persécution des justes». Elle écrit à ce sujet : «C'est presque plaisant pour moi d'assister à ce procès dont je suis l'enjeu. Les unes chantent que je suis la petite Thérèse de la Communauté! Elles me harcèlent en badinant, pour que je leur livre les secrets de mon âme, et cela m'amuse beaucoup. D'autres me sifflent à distance : "C'est la petite sainte qui passe. Il paraît que Sœur Jean-Baptiste écrit aussi sa vie". Et ceci en amuse d'autres. Je m'amuse aussi avec ces dernières. Et cela m'intrigue beaucoup de savoir pour quelle raison je suis devenue si intéressante pour mon entourage, moi qui suis mon petit chemin sans bruit, en étant simplement fidèle à mes devoirs sans jamais prétendre attirer l'attention de personne. À vrai dire, j'éprouve quelque peine à ce sujet. Mais il me vient en pensée que le bon Dieu exauce aussi la prière que je lui ai faite de passer par la même route que la petite Thérèse, et je suis persuadée qu'elle a connu ce genre d'épreuve au sein de sa propre famille religieuse. Moi, on dit parfois que je suis exaltée, s'en prenant à mon enthousiaste ferveur pour la petite Voie d'enfance spirituelle...et parce que je ne cache pas mon admiration pour cette doctrine... Ô mon Jésus, voici des fleurs que je vous effeuille à mon tour.»

Tout comme Thérèse Martin devenue patronne des missions, Lucille ouvre son cœur aux besoins du monde entier. Elle avait exprimé ce désir d'apostolat universel le jour de sa profession. Son cœur prend les dimensions du monde. «Ne pouvant faire que de petites choses pour étendre le beau règne d'Amour de Jésus, j'ai besoin de me rappeler souvent que c'est l'intention qui compte, et j'ai formulé l'intention de voir toutes mes œuvres, petites ou grandes, prières et sacrifices, travail et repos, actes de charité fraternelle et mortifications, transformés en valeur apostolique. Oui, je souhaite que, de tout mon être des ondes rédemptrices aillent porter leur influence jusqu'aux confins les plus reculés de l'univers.» Elle parlera plus tard de la «radiophonie universelle». «Je veux être une victime»(2) – pour les âmes, il s'entend.

Sa vie continue entre orages intérieurs devant son impuissance à devenir une sainte rapidement et la pénible réalité qui s'impose. Mais «la tempête passe et le sérénité revient». Autrefois, il lui était facile de porter le joug du Seigneur. Maintenant, tous ses instincts d'amour-propre se soulèvent; elle «trouve l'obéissance de détail avilissante» et constate que «cet état de choses ne peut durer. Je ne pourrai pas toujours ainsi, constamment baisser la tête, garder le silence quand mille raisons se pressent sur mes lèvres, accepter un reproche que l'excuse et les circonstances atténuantes m'épargneraient, dire mon merci le plus souriant à des observations insignifiantes et que mon défaut de "particularité" me fait trouver ridicule.»

La voilà adulte dans la foi. Aujourd'hui, on la trouverait tout simplement normale et équilibrée. Mais dans le temps, la pratique de l'obéissance donnait bien des migraines aux pauvres religieuses. Les observations tâtillonnes prenaient souvent le pas sur le grand principe de la charité. Sœur Jean-Baptiste voit clair. Elle accepte tout sans rechigner et met tout son cœur, tout l'amour dont elle est capable dans ces petites souffrances comme Jésus s'abandonnant aux bourreaux, respectant leur liberté et même la bêtise humaine. Pas facile pour une religieuse douée d'une forte personnalité d'accepter tout sans montrer son désaccord. Elle prend la résolution de «voir la volonté de Dieu dans celle de ses supérieures, dans les contrariétés et ennuis de chaque jour», s'applique à la pratique de la présence de Dieu continuelle, à la pureté d'intention et surtout à l'humilité.

Elle regarde le Fils du charpentier, soumis à Joseph et à Marie, qui «choisit pour apôtres des hommes grossiers et ignorants, qui recherche la compagnie des pauvres et des humbles, qui s'entoure des petits enfants faibles, qui enseigne sans impatience, qui s'abaisse à la Cène jusqu'à laver les pieds des apôtres, qui épuise la coupe de toutes les humiliations dans sa passion : trahison dégradante, injures grotesques, dérisions, soufflets, hommages ironiques, crachats, fouets.»

Ces exemples la poussent à l'imitation, critère essentiel de la perfection. Elle trace ainsi sa ligne de conduite pour acquérir cette vertu de base : «en recevant quelque louange ou marque d'estime, je penserai en moi-même que les jugements des créatures sont éloignés de ceux de Dieu. Que les hommes sont de mauvais juges en fait de mérites spirituels.

Ils ne voient que le dehors des œuvres et c'est d'après l'extérieur qu'ils forment leurs convictions, souvent fausses...Si on loue, discrètement ou non, quelque talent ou don naturel qu'on trouve en moi, ne pas oublier quelle est la valeur réelle de ces biens : fumée qui se disperse et que la moindre maladie peut réduire à néant avant que la mort n'ait elle-même tout détruit. Selon l'esprit de foi, que vaut le meilleur génie s'il ne rend une âme sainte ? la vertu seule compte pour l'éternité. Les connaissances naturelles, les dons de l'esprit nous sont communs avec les démons : les mauvais anges sont des savants, des génies, des artistes.» On croirait lire *L'histoire d'une âme*.

De plus en plus, Sœur Jean-Baptiste s'enfonce dans l'humilité et l'incognito. Elle voudrait être méprisée de tous, ce qui montre à quel niveau de vie intérieure elle est rendue. Comme saint Jean de la Croix, elle en arrive à dire : «souffrir et être méprisée pour Vous». Ses pratiques de l'humilité le prouvent à l'évidence. Voyons plutôt ce qu'elle nous donne sous forme d'aphorismes dont la formulation versifiée semble plus facile à retenir qu'à pratiquer :

1. Abhorrez la dispute et ses succès frivoles.
2. Ne soyez ni tranchant ni prompt dans vos paroles.
3. Ne vous excusez pas : serait-ce justement ?
4. N'ajoutez rien au vrai : dites-le simplement.
5. Loin des yeux, au grand jour, soyez partout le même.
6. Ni «bien» ou «mal» de vous : silence! oubli suprême!
7. Né pauvre, osez le dire, ou taisez vos grandeurs.
8. 0ubliez vos bienfaits, jamais vos bienfaiteurs!
9. Dans les moindres détails, cherchez la dépendance.
10. Estimez, chérissez la plus simple observance.
11. Obéissance aveugle à tout supérieur.
12. Au père qui vous guide, ouvrez bien votre cœur.
13. Vos fautes : souhaitez qu'on les fasse connaître.

14. Osez, sans fausse honte, agir, parler, paraître.
15. Aimez d'être repris de l'acte le meilleur.
16. Du mal qu'on montre en vous, convenez sans aigreur.
17. Cherchez à vos défauts un censeur véridique.
18. Faites, au moindre oubli, pénitence publique.
19. Jamais, en vos succès, de folle vanité.
20. Restez inébranlable à toute adversité.
21. Craignez comme Berchmans, les grâces merveilleuses.
22. Indigne des douceurs et des larmes pieuses.
23. Estimez-vous de cœur, le plus petit de tous.
24. Par vos moindres côtés, toujours mesurez-vous.
25. Faites-vous peu servir; prodiguez vos services.
26. Aux autres les honneurs! à vous les sacrifices!
27. Soyez respectueux, affable pour chacun.
28. Gardez bien votre cœur; n'en occupez aucun.
29. Ne livrez pas votre âme aux soupçons téméraires.
30. En vos contradictions, voyez, aimez vos frères.
31. Aux mérites d'un autre, empressé d'applaudir.
32. Pensez vous abaisser afin de le grandir.
33. N'épiez pas les torts où le prochain s'oublie.
34. Que jamais, sans raison, votre voix les publie.
35. Pauvre, soyez heureux, d'un pauvre vêtement.
36. À l'emploi le plus vil, courez plus promptement.
37. Des parts, laissez toujours au prochain la meilleure.
38. Soulagez le malade et consolez qui pleure.
39. Servez à la cuisine, humble, empressé, joyeux.
40. Croyez qu'en votre office, un autre ferait mieux.
41. Enviez, recherchez, les petits qu'on évite.
42. Pensez que votre sort passe votre mérite.
43. Pas de plainte! qui peut vous faire injure, à vous?
44. Mettez-vous au plus bas et sous les pieds de tous.
45. De conduite et de cœur, soyez toujours novice.
46. Chérissez les dédains, goûtez-en la justice.
47. Croyez, nuisible à tous, être indigne du jour.

48. À qui vous foule aux pieds, vouez un grand amour.
49. Si l'on vous applaudit, riez de la méprise.
50. «J'ai plus d'orgueil qu'un paon!» voilà votre devise.
51. Estimez-vous l'horreur du monde et pire encore.
52. Même soif des mépris, qu'un avare de l'or.
53. Demandez-les à Dieu : c'est le conseil d'Ignace.
54. Confus qu'un tel ingrat soit comblé de sa grâce.
55. Quoi qu'il advienne, enfin, tenez-vous satisfait.

Rappelez-vous Jésus, guide et maître parfait
Auquel le monde impie a prodigué l'outrage.
À vous son Nom, son Cœur, son œuvre en héritage !
Disciple de Jésus , ne dégénérez pas !
Prouvez-lui votre amour en marchant sur ses pas !
Indigence, mépris, douleur, cortège austère :
Tel est, de votre Roi, le triple caractère ! (3)

En novembre 1917, elle fait ainsi le bilan de sa vie religieuse : «Dès le début de ma vie religieuse, après la longue solitude du noviciat et les enivrements délicieux de mes noces mystiques, bien clair était le chemin que je devais parcourir pour aller à toi, et monter graduellement la voie de la perfection : rien d'obscur dans mon itinéraire, rien d'embrouillé dans mes moyens d'action. Je voulais t'aimer seul, mépriser la terre, me détacher de moi-même et vivre d'abandon en tes bras. Amour, confiance, abandon, je ne trouvais rien de mieux ; ces trois mots résumaient mon programme spirituel. Oh ! qu'ils furent doux les premiers mois qui suivirent mon oblation ! Du côté de la terre, c'étaient les croix, mais la paix qui faisait déborder en mon âme, les chastes embrassements que tu prodiguais, me dédommageaient plus que je ne saurais dire... Et pourtant, au milieu de ces divines caresses, tu mettais par intervalles les salutaires amertumes de ton calice douloureux.»

L'humilité n'est pas la sottise. C'est la vérité. Sœur Jean-Baptiste reste toujours lucide. «Je sais, dit-elle, que j'ai de l'ascendant autour de moi. Mais hélas! loin de jouir de cette pensée, j'en éprouve une angoisse indéfinissable. J'ai beaucoup de facilité à communiquer mes vues, à faire partager mes projets, à faire accepter mes opinions. Et tout ça, c'est néanmoins sans le rechercher, sans y prétendre.»

Lors d'une autre retraite, le Père Bellavance, un jésuite la rassure et lui prédit que Dieu veut faire d'elle une grande sainte. «Vous avez tout ce qu'il faut pour faire une sainte.» Ces paroles la calment pour un moment. Mais son confesseur ordinaire – qui devait lui servir d'instrument de sanctification – lui conseille de demander une mutation dans l'Ouest. «Votre place n'est plus à Montréal, lui dit-il. Avec votre anglais, vous pourriez servir davantage là-bas!» Était-ce un moyen détourné de se débarrasser d'une âme trop avancée qu'il ne savait pas diriger? Il semble bien que oui.

Avec sa lucidité habituelle, Sœur Jean-Baptiste répond qu'elle se soumettra à toute expression de la volonté de Dieu sur elle mais qu'elle ne demandera rien. Avec grande sérénité d'esprit, elle répond: «Le bon Dieu sait ce qu'il veut faire de moi. S'il me veut pour instrument, il n'a qu'à me prendre. A-t-il donc besoin qu'on lui fasse penser à ce qu'il doit faire?» La chose est tranchée. Aussi, rassérénée, elle peut écrire: «Pour moi, Seigneur, j'ai compris, par un effet de votre grâce, que votre seul amour peut me rendre heureuse, et que c'est dans votre service que se trouve l'unique félicité de l'homme. Accomplir votre volonté! quel sujet de paix et de joie!»(4)

Et lors de sa retraite de février 1916, elle écrit encore: «Ah! c'est maintenant que je comprends le grand mystère caché dans l'accomplissement de sa volonté adorable. Je saisis bien que "faire la volonté de Dieu" est le plus court, l'unique moyen d'entrer dans ses vues et de procurer sa gloire. Un saint n'est saint que parce qu'il accomplit au mieux que le commun des hommes la volonté de Dieu.» (5)

«Mon abandon à Dieu implique d'abord la confiance la plus filiale et la plus absolue. Je lui remets le soin de mon avenir, je le consulte du regard pour les décisions présentes, et je le prends par la main quand il faut aller de l'avant. De là, deux conséquences pratiques : 1) m'unir à son action intérieure et 2) me confier à son action extérieure. Je m'unirai à son action intérieure par une fidèle correspondance aux moindres inspirations, aux plus petits désirs de Jésus et je me confierai à son action extérieure en m'abandonnant dans la paix et l'amour à sa Providence qui gouverne toutes choses dans les moindres détails.»(6)

En juillet 1923, son frère Ernest, curé de Frenchville (Saskatchewan) meurt accidentellement. Pénible épreuve pour la famille. Sœur Jean-Baptiste elle-même en est profondément affectée. Le 14 juillet, elle écrit à sa mère et commence ainsi sa lettre : «Que la volonté de Dieu soit faite!» prenant de court sa mère qui n'avait que ce mot à la bouche. Elle tente ensuite de la consoler en rappelant la dernière lettre de son frère dans laquelle il manifestait tout son amour fraternel à ses trois sœurs religieuses. Par un pressentiment sans doute, il leur disait que son amour pour elles «serait agrandi, centuplé, dans notre seule et vraie patrie». «Je crois, écrit-il encore, (je n'en suis pas bien sûr, car on n'est jamais bon juge dans sa propre cause) je crois que je n'ai jamais aimé personne de façon à mériter un reproche du bon Dieu ; j'ai toujours aimé en Lui et pour Lui.» Voilà des paroles capables de consoler les siens, surtout sa pieuse mère. Aussi, Sœur Jean-Baptiste y puise-t-elle un motif d'espérance. «Ah! dit-elle, l'espérance chrétienne jette vraiment sur notre deuil amer les radieuses clartés du revoir éternel!»

Toujours pour consoler les siens, elle puise «dans ses souvenirs personnels et dans les manuscrits de son frère» et

33

raconte la vie de ce missionnaire de l'Ouest canadien dans un livre *Une âme de prêtre*. Elle le fait «pour l'unique consolation d'une famille en deuil» et pour donner «les leçons d'un contemporain qui fut simplement un chrétien selon l'Évangile avant d'être un apôtre et un prêtre selon le Cœur de Jésus-Christ.» Sur les recommandations des Franciscains, elle accepte que cette biographie soit publiée en 1929. Elle posait ainsi son premier geste officiel d'écrivain et se révélait pleinement par la clarté de son style, son don de synthèse et sa passion de communiquer sa flamme. Le Père H. Couture, o.p. pour sa part, dira de ce livre : «*Une âme de prêtre* est a mon sens plus qu'un livre de belle facture littéraire et historique, c'est une éloquente prédication de trois cents pages sur l'art d'être un saint.»

À partir de 1925, Sœur Jean-Baptiste reçoit la défense d'accepter la tâche de répondre aux sœurs désireuses de recevoir des conseils dans les voies spirituelles. Encore là, elle se soumet humblement. Elle se rappelle la parole de sainte Thérèse : «Rien ne me donne de petites joies comme les petites peines.» Et elle continue : «Les saints ne se sont pas arrêtés à la résignation dans leurs croix, ils y ont cherché et trouvé la joie. C'est en cela surtout que se prouve l'amour héroïque de charité et non dans les consolations.»

Aussi, dans *Notes intimes*, elle tire les conséquences de cette nouvelle expérience : «On a fait remarquer à ma supérieure que j'étais singulière en me mêlant de "diriger" mes compagnes, les jeunes sœurs. Le mot "direction" est un peu exagéré pour la chose dont il s'agit, mais je comprends ce que je veut dire ma bonne Mère Supérieure et je lui souris, remercie, promets de me surveiller en ajoutant qu'en effet, bien des fois, elles me faisaient des confidences amicales et personnelles au sujet de leurs peines non pour se plaindre mais pour se soulager, je crois... et recevoir encouragement autant que sympathie. C'est là un besoin chez quelques-unes, et jamais je n'ai provoqué ces épanchements spontanés, si ce n'est en offrant à mes compagnes, le baume d'un mot aimable, charitable et compatissant. Mais que faire maintenant, sinon m'en tenir à l'avertissement qui vint de m'être donné ? Je prends la décision de ne plus m'occuper de mes sœurs, de ne plus m'intéresser à leurs tristesses, de ne plus écouter leurs entretiens intimes, et de borner l'offrande de ma charité envers elles, à la prière et au silence. Quel rêve caressé de loin ! Quel bonheur que de n'avoir que cela à faire et par obéissance. Mais hélas ! mon père spirituel ne l'entend pas ainsi. L'exercice de la charité par le conseil, l'encouragement, la sympathie, lui semble être une condition essentielle du bonheur et de la paix en communauté. On n'est pas libre de disposer ou non de l'influence salutaire que Dieu nous permet d'exercer autour de nous ; il faut en user pour sa gloire. »(7)

Le 30 septembre, peu de temps après la canonisation de sainte Thérèse, elle écrit un poème (reproduit dans *L'Apostolat de l'élite cachée)* qui, pour elle, est une ligne de vie. Dans une des dernières strophes, elle s'exprime ainsi :

> Thérèse, tu le sais, un vif désir me presse :
> Je voudrais chaque jour grandir en petitesse,
> Ou mieux pour Jésus seul, vivre d'humilité,
> De confiant amour et de simplicité.(8)

Elle ne pouvait dire mieux parce qu'elle vivait de cette doctrine dont elle avait extrait toute la «substantifique moelle». Dans un autre poème composé pour le jour de la canonisation le 17 mai 1925, elle s'adresse ainsi à la jeune sainte :

> (...) Daigne en retour accomplir ta promesse
> Et nous jeter des fleurs du ciel !

Ces fleurs du ciel, que notre voix réclame
Ce sont d'abord tes aimables vertus
Que nous voulons cultiver dans notre âme
Pour en offrir les parfums à Jésus.
C'est l'abandon, la sainte confiance,
L'humilité, la joyeuse ferveur :
Trésors sans prix que ta douce existence
A révélés à notre cœur !

Elle pousse ce désir d'abandon à Dieu jusqu'à vouloir en faire le vœu particulier d'abandon au bon plaisir de Dieu. La permission lui est accordée et le 8 septembre 1926, elle écrit de sa belle et alerte écriture cette consécration (que j'ai le privilège de tenir à cette heure en mes mains). Elle la portera sur elle-même jusqu'à sa mort :

Ô Sainte Trinité, ô mon Dieu qui êtes mon Père, moi Marie Lucille Duchaîne (dite Sœur Jean-Baptiste) pour vous glorifier, pour reconnaître votre souverain domaine sur moi et vous prouver mon amour, je fais vœu d'abandon total à votre plaisir. Par ce vœu, j'entends non seulement accepter de bon cœur toutes les dispositions providentielles indépendantes de mon libre choix, mais en outre, je m'engage, sous peine de péché véniel, à faire en toutes choses ce qui me paraîtra le plus conforme à votre Bon Plaisir(sauf les cas de doute, de minutie, et de défaut d'advertance complet ou partiel).

Dans le Cœur de Jésus, mon divin Époux, comme sur un autel sacré, je dépose le présent engagement, protestant que je compte uniquement sur sa grâce pour y être fidèle, et vous priant, ô mon Dieu, de l'agréer par l'entremise de l'auguste Vierge Marie, ma Mère bien-aimée. C'est par ses mains très pures que je vous offre tout mon être pour qu'il devienne l'heureuse proie de votre bon plaisir.

Vous connaissez, ô divin Père, les immenses ambitions surnaturelles que votre Esprit d'amour inspire à ma pauvre petite âme si avide de vous, de votre gloire, du salut des âmes et de sa propre sanctification. Pour les réaliser, je me sens hélas! trop faible et trop ignorante des vues divines. C'est pour cela que je m'en remets à votre bonté de Père, vous suppliant de me conduire au terme de mes vœux, à une intime union avec vous, par tels moyens qu' Il vous plaira, me gardant vous-même vis-à-vis de vous – qui m'aimez et que j'aime (ici, l'encre étant défraîchie, le papier devient illisible) .... d'autre attitude que celle du petit enfant qui s'abandonne avec docilité et une sereine confiance à tous les moindres vouloirs de son père.

Ô mon Dieu, s'il y a dans mon âme une région où règne la sincérité parfaite c'est là que je vous adresse la prière suivante : Que tout ici-bas me devienne amer hors de votre Bon Plaisir, et que par lui toute amertume me soit douce! Qu'au sein de toute épreuve, de toute ténèbre, de toute souffrance, sans même comprendre vos divines volontés, je sache me laisser couler à fond dans ce bienheureux abîme de votre Bon Plaisir, trouvant ma paix, ma joie suprême à le savoir satisfait! Qu'il me tienne lieu de tout, ô mon Dieu paternel! Qu'il soit comme le Grand Sacrement universel par lequel – à défaut de tout autre – vous me communiquiez vos grâces et m'unissiez à vous dans la simplicité parfaite et l'amour de pure charité.

Ô mon Dieu, je vous bénis de vos miséricordes envers ma petite âme si heureuse de se dire votre enfant et je veux que chaque battement de mon cœur soit un acte d'amoureux abandon qui me livre à la merci de votre Bon Plaisir. Faites-moi la grâce, ô Dieu bien-aimé, de ne me reposer qu'en lui, de ne goûter que lui, de ne vivre que de lui dans le temps pour aller m'abîmer un jour, quand il vous plaira, dans l'Océan d'Amour qui est vous-même.

Marie-Lucille Duchaîne, dite Sœur Jean-Baptiste, f.c.s.p.
En la fête de la Nativité de Marie, ce 8 septembre 1926.
De la Permission accordée et formule approuvée par
M. l'abbé J.Z. Dufort,
aumônier Maison-mère, mon confesseur.

Sœur Jean-Baptiste avait demandé les humiliations. Elles ne devaient pas manquer. Avec l'approbation de sa supérieure locale, elle avait mis sur pied la pieuse association du Saint-Esprit dans le but de stimuler l'amour de Dieu et des âmes. Les langues allèrent leur train et on laissa courir l'idée que Sœur Jean-Baptiste voulait peut-être fonder une nouvelle communauté...La supérieure générale du temps rappela à Sœur Jean-Baptiste qu'elle «était dans l'illusion». L'abbé Dufort, son confesseur, prit partie pour la supérieure et l'association fut dissoute.

La condamnation de cette association fut une lourde épreuve pour Sœur Jean-Baptiste. Cependant, dans cette affaire, elle tente de voir clair en elle. La seule explication plausible qu'elle trouve est la suivante : «il me semble que tout a été voulu par Dieu dans un but unique : éprouver ma confiance en Lui.» Elle décide donc de ne point se mettre martel en tête puisque, affirme-t-elle, «je puis me rendre le témoignage d'une intention droite appuyée sur la connaissance de ta volonté et la sincérité que donne l'ouverture de cœur et l'autorisation de l'obéissance.» Elle tâchera désormais de se soustraire «à toute tâche de zèle extérieur et de se livrer uniquement à la prière et à l'immolation silencieuse et cachée».

De cette épreuve devait sortir *L'Apostolat de l'élite cachée,* paru aux éditions Saint-François, sous l'impulsion du Père Ambroise Leblanc.

C'est ainsi que souvent les épreuves et les humiliations peuvent servir à d'autres fins cachées aux yeux des humains. Dans son livre, elle montre la face cachée de l'apostolat, la valeur de la prière, des souffrances et de la radiophonie mystique. Dans un chapitre qui porte sur «les petits sacrifices» elle nous livre la valeur que «l'amour de Jésus, une fois maître du cœur, rend ingénieux à inventer, à découvrir, à pratiquer». Et comme elle est toujours réaliste, elle donne encore des exemples : «un service rendu à une personne antipathique un bon mot prononcé en faveur d'une autre qui nous a humiliée ; la privation d'un plaisir non nécessaire à l'épanouissement normal de nos facultés ; la fidélité scrupuleuse aux petits devoirs qu'on pourrait négliger sans faute sérieuse ; une légère abstention de friandise entre les repas ; une pure curiosité réprimée ; une satisfaction du cœur retardée ou refusée ; une plainte contenue, dans le froid, la chaleur, les malaises physiques ; un mot d'esprit passé sous silence ; une opinion gardée pour soi, lorsqu'on aimerait à la faire prévaloir ; la composition du maintien, non seulement en compagnie, mais dans le secret de sa chambre où l'on ne se permet aucun laisser-aller, aucune nonchalance. Rien ne brise la volonté, rien ne trempe l'énergie, comme la fidélité constante à ces humbles pratiques de vertu qui constituent l'essence choisie des "petits sacrifices". C'est elle qui a fait une héroïne obscure, mais digne de ce nom, de notre chère sainte Thérèse de Lisieux.» (9)

De nouveau, l'idée d'une vie cachée dans le cloître revient en elle, lancinante et troublante. Elle passe alors par un long et ténébreux tunnel. Dieu la voudrait-il dans une communauté exclusivement enfouie dans le silence et la prière ?

Sa retraite annuelle lui permet de se ressaisir. «Si j'aime le bon Dieu vraiment, affirme-t-elle, je puis l'aimer partout. Mon amour est donc bien faible qu'il ne puisse s'accommoder d'un genre de vie quelconque, et qu'il lui faille tel ou tel lieu ! Si mon amour est vrai, s'il est fort, il s'élèvera au-dessus des lieux, des emplois extérieurs, des relations avec le monde et rien ne l'empêchera de s'élever vers Dieu comme une flamme vive.(...) La solitude est partout, pour un cœur dégagé de toute attache et n'aspirant que vers Dieu. Au contraire, les tracas, la distraction, le trouble, jusque dans les déserts pour les âmes mal affermies en l'amour divin et attachées à leurs propres satisfactions. Ici, je puis devenir une grande sainte, par l'humilité de mon genre de vie, l'amour de mon abjection, l'accomplissement de ma sainte règle et du bon plaisir de Dieu dans les moindres détails de ma vie sanctifiée par l'amour.»

Une fois cette décision prise, elle retombe dans la sécheresse de l'oraison. Elle se sent incapable de s'astreindre aux sujets proposés par le prédicateur pour la méditation. «Tout ce qui demande du raisonnement ne me va plus, avoue-t-elle. Je constate que je n'ai plus d'initiative dans les affaires qui regardent ma sanctification. Oui, il me semble que ma volonté tout entière se concentre maintenant sur un seul point : je ne veux qu'une chose, je la veux d'autant plus forte que nul autre désir ne me préoccupe, je ne veux que l'accomplissement intégral, parfait, du bon plaisir divin en moi. Et pour l'obtenir, je tâche, pratiquement, de m'établir dans une disposition permanente d'abandon à toute volonté connue de mon Maître intérieur, l'Esprit Saint qui anime et vivifie tous mes actes d'un ardent amour.»

Ce n'est plus elle qui agit maintenant mais Dieu qui agit en elle. Comme elle le dit, «à côté de ce bonheur d'aimer Jésus, il en est un autre, non moins grand, qui est celui de "me laisser aimer par Jésus."» C'est l'union transformante dont parle les mystiques. Aussi, à la fin de sa retraite de 1922, elle ne tente pas de surcharger sa vie «par de petites déterminations vagues», elle veut simplement «rechercher les moindres bons plaisirs de Dieu dans ses actions courantes de chaque jour».

Dès lors, «délivrée des pensées obsédantes qui la tourmentaient depuis plusieurs années», elle est «intimement convaincue que Dieu veut (la) sanctifier dans la vocation si belle de Sœur de Charité.» Elle cesse de se tourmenter et comprend que c'est par la sainte humanité de Jésus que sa contemplation trouvera sa nourriture.

Son confesseur ne lui est pas de grand secours. Il ne se soucie guère de son état d'âme et ne tente pas non plus d'en savoir plus long. Il n'a pas passé, sans doute, par les mêmes chemins escarpés. Sainte Thérèse ne fut pas choyée non plus du côté de directeur spirituel... Enfin, comme la petite Thérèse, Sœur Jean-Baptiste comprend que l'Esprit Saint sera son seul guide spirituel.

En 1931, on lui confie la rédaction du *Petit Journal de la Providence*. C'était pour elle une occasion de plus pour faire connaître sa petite voie, encouragée d'ailleurs par la propre sœur aînée de sainte Thérèse. Sa correspondance avec la Prieure du Carmel de Lisieux, Sœur Agnès de Jésus, lui vaut un jour cet éloge :

«Je vous remercie de vos vœux de Noël accompagnés des deux livres magnifiques. À chaque page, pour ainsi dire, j'y rencontre le nom de ma sainte petite sœur. Et comme vous la comprenez bien! on dirait vraiment que vous l'avez connue. Elle est véritablement auprès de vous et vous inspire.» (lettre du 30 janvier 1946)

Qui mieux que Sœur Agnès pouvait apprécier la valeur des écrits de sœur Jean-Baptiste et établir la ressemblance entre les deux âmes sinon elle qui, comme Prieure, avait guidé sa sœur, la petite Thérèse, dans cette petite voie si inusitée à l'époque!

Image que Sœur Agnès, Prieure de Lisieux,
envoya à Sœur Jean-Baptiste.

Voilà donc notre Thérèse de Montréal bien engagée dans cette même voie et rassurée dans son projet. Elle qui signait volontiers « *laudis hostia* » va maintenant passer par le creuset de la souffrance physique et morale. Elle deviendra ainsi une «hostie sainte et agréable à Dieu.» (Rom. XII, 1) car l'or passe toujours par le creuset qui lui enlève toutes ses scories avant de le rendre resplendissant.

***

1) *Notes intimes*, p. 24. Notes intimes est un carnet retrouvé dans la chambre de Sœur Jean-Baptiste après sa mort. Il fut remis à Mère Bérénice, supérieure générale, qui le garda par-devers soi jusqu'à sa propre mort. Ensuite, il fut remis aux archives de la Maison mère. Sur la couverture, on lit ceci : «Notes intimes entre mon âme et Jésus seul. Brûler au lieu de lire.»
2) *Notes intimes,* p. 37
3) *Notes intimes*, 106-108
4) *Notes intimes*, p.27
5) *Notes intimes*, p. 49
6) *Notes intimes*, p. 79
7) *Notes intimes*, p. 222
8) *L'apostolat de l'élite cachée,* Fides, 5e édition, p. 74
9) *Pour mieux servir Dieu*, p. 47.

HOSTIE DE LOUANGE

Je ne crois pas qu'on puisse imaginer un saint ou une sainte qui n'ait pas été associé à la passion du Sauveur puisqu'il faut passer par la croix pour arriver à la gloire comme l'expliquait Jésus aux disciples d'Emmaüs. La croix peut venir de partout. Souvent, il y a la croix inutile mais qui se trouve là subitement, incompréhensible, incontournable. Parfois aussi, ceux qui devraient nous aider dans les chemins de la perfection sont souvent ceux qui y mettent des obstacles et deviennent de ces croix inutiles. On se demande alors si c'est la croix de la folie ou la folie de la croix qui nous visite.

Ainsi, le bon confesseur de Sœur Jean-Baptiste se met un jour une idée en tête. Il lui ordonne (pour la tester ?) une autre fois de s'offrir pour les missions de l'Ouest américain.

Sœur Jean-Baptiste, habituée à ne rien demander et à ne rien refuser, marche encore sur son cœur et expose ce projet à la Mère générale qui, plus perspicace que l'aumônier, trouve Sœur Jean-Baptiste particulièrement fatiguée. Elle décide de l'envoyer voir un médecin. Suite à cette visite, en octobre 1926, Sœur Jean-Baptiste entre à l'infirmerie. Elle y restera jusqu'au mois de février suivant. Son état est préoccupant... Pendant trois mois, elle passe par de grandes souffrances physiques et morales, pénibles à supporter.

Le Père Bellavance lui rend un jour visite et incidemment, Sœur Jean-Baptiste lui raconte ses premières années. «Et moi qui croyais que vous n'aviez jamais souffert!» lui dit-il. Tout de go, elle écrit à ce sujet : «Ce bon Père a rendu là une opinion assez générale sur ma petite vie... Oui, on croit autour de moi que je n'ai pas ou presque pas lutté, jamais souffert surtout. Merci, ô mon Jésus de donner à ma vie ce nouveau trait extérieur de ressemblance avec la petite Thérèse. Elle non plus n'avait jamais souffert au dire de ses compagnes en religion... Ah! elle avait su voiler sa croix de fleurs et conserver une telle sérénité dans la lutte et la souffrance, qu'on n'avait pu saisir chez elle le moindre indice de cette générosité héroïque qui la tenait continuellement joyeuse et souriante sur la croix. Moi, je ne puis me flatter d'en être là. Car il m'arrive souvent de dévoiler à mes intimes un aspect caché de ma vie douloureuse, (...) uniquement pour mettre dans la vérité certaines âmes qui ont besoin de cela pour se maintenir elles-mêmes courageuses sous la croix.»

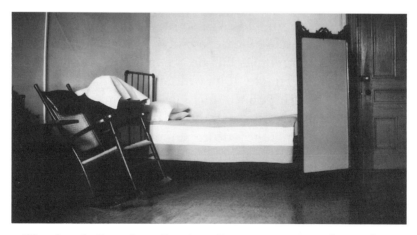

Chambre de Sœur Jean-Baptiste. On peut remarquer les rouleaux qu'elle posa sous sa berçante pour s'empêcher de goûter au confort.

Clouée au lit, elle a sans doute médité et mis en pratique le poème qu'elle écrivait sur «les commandements de la perfection religieuse à l'infirmerie» :

D'amour de Jésus tu devras
Être pourvue abondamment,
Car, malade, tu souffriras
De tout, de tous constamment.

Ton inaction te pèsera,
Mais qui s'en doutera vraiment ?
Oh ! c'est alors que tu devras
Souffrir silencieusement.

Parfois même il te semblera
Que l'on te traite durement :
Loin de t'en plaindre, tu croiras
Qu'on en fait trop pour toi, vraiment !

De sympathie, il se pourra
Qu'on te prive à certain moment :
Alors, ton cœur tu tourneras
Vers ton Jésus uniquement.

Volontiers, tu te soumettras
À tout pénible traitement ;
Puis à tout soin tu répondras :
Merci du cœur, sincèrement !

À l'infirmière tu seras
Soumise filialement ;
En ton intime tu sauras
Pratiquer le renoncement.

De tes douleurs tu parleras
Très peu, toujours brièvement ;
Mais au médecin tu diras
Ton mal physique seulement.

De l'isolement tu prendras
Ton parti courageusement,
Et de ta chambre tu feras
Un cloître de recueillement.

Près de tes sœurs ne chercheras
Sympathie ou soulagement;
En Jésus tu t'épancheras
Car LUI SEUL console vraiment!

Tes visiteurs tu recevras
Si possible joyeusement!
Ton sourire tu donneras.
À chacun instinctement.

Et sur ce ton, elle continue pendant plusieurs strophes. Cet écrit date de 1918. C'est dire qu'elle se préparait déjà aux souffrances physiques et morales qui ne la quitteront pratiquement jamais. Elle le dira dans Notes intimes : «J'ai compris une fois pour toutes que pour devenir une sainte et glorifier Dieu en sauvant les âmes, il fallait souffrir beaucoup intérieurement et extérieurement – se renoncer sans cesse et ne jamais se contenter du bien, mais aller toujours au mieux, ne pas avoir peur du plus parfait.» (1)

L'infirmerie fut pratiquement pour Sœur Jean-Baptiste un véritable enfer. Comme elle l'écrit elle-même : «C'est lui seul qui m'a donné de tenir bon dans la foi, l'espérance et l'amour, au milieu de ce désarroi intime où je ne voyais ni ciel ni terre, où il me semblait ne plus posséder aucun bien surnaturel, où mon âme plongée dans le dégoût, les ténèbres et l'amertume, tandis que mon corps ployait sous le poids de la croix. À l'extérieur, aux yeux de mes intimes, je n'ai pas voulu cacher ma détresse sous des apparences de stoïcisme et de générosité extraordinaires, aussi ai-je paru succomber au dehors. Mais je sais que ma volonté est restée unie à la vôtre, ô mon Dieu. C'eût été trop beau, trop dangereux pour mon amour-propre, si je m'étais sentie supérieure à ma souffrance, enthousiaste sous les croix. Il a fallu que je me sente écrasée par elles, et ainsi j'ai senti ma faiblesse et ma dépendance continuelle de Dieu, de la grâce. »

À l'instar de l'apôtre Paul, elle pouvait s'écrier à son tour : « C'est dans ma faiblesse que je suis forte ? » N'est-ce pas là toute l'essence de la petite voie de la petite Thérèse ? Ce n'est donc pas sans raison qu'on pourrait lui donner le titre mérité et combien ! de « petite Thérèse de Montréal ».

Comme la petite sainte de Lisieux, Sœur Jean-Baptiste aura aussi à souffrir de la part de ses propres sœurs. « Il y a deux catégories de personnes qui me déplaisent en particulier, dit-elle : les gens qui posent et les fausses dévotes. » Mais jamais, elle ne fait sentir à personne cette répulsion. Cependant, elle reste étonnée parfois que des religieuses soi-disant intelligentes et désireuses de se sanctifier, fassent continuellement leur volonté et ne semblent pas comprendre que la sanctification est dans l'accomplissement de la volonté divine, bien que ce soit là une vérité élémentaire qui leur a été répétée cent fois. Perspicace, elle a su deviner que bien des religieuses réussissent toujours à faire leur volonté avec permission !

Elle restera petite aux yeux des autres et aux siens. À quarante ans, elle veut toujours rester la petite Sœur Jean-Baptiste qui ne pose pas et qui n'en impose pas, que les plus humbles et les plus timides peuvent toujours approcher sans cérémonie, sans apprêts d'aucune sorte. Elle souhaite même que sa « petitesse voulue la fasse passer aux yeux des supérieures pour une simple bonne enfant qui ne sait pas faire grand'chose, sauf écrire ... et aimer le bon Dieu. C'est là, il me semble, dit-elle, l'impression que je produis sur mon entourage et je n'en suis pas fâchée. »

Sa supérieure d'ailleurs l'encourage, de façon, il faut le dire, fort peu diplomatique. Un jour, elle lui dit : « Vous, ma

Sœur Jean-Baptiste, vous ne serez jamais bonne qu'à écrire et prier. Même, en ces deux choses, vous avez besoin d'être dirigée. Mais heureusement, vous ferez toujours ce qu'on vous dira. Quant au reste, dans le domaine pratique de l'action, vous vous y mettez avec beaucoup d'ardeur et de bonne volonté, mais aussi, avec une remarquable inhabileté. Vous n'êtes pas faite pour mener, je vous assure. vous n'avez pas ce qu'il faut! Vous ne serez jamais chef nulle part. Avec si peu d'aptitude, vous pouvez être certaine de rester long-temps ici (au secrétariat) où vous rendez un peu service... et ce sera sous l'obéissance d'une autre.»

C'était clair et net. Sœur Jean-Baptiste accepte tout sans sourciller. Sa réponse est limpide comme son cœur : «Ah! que cela soit prophétique, mon bon Jésus! Gardez-moi dans l'ombre, le silence et l'obéissance, ainsi que je vous l'ai demandé au beau jour de ma profession religieuse!»

Voici quelle humilité elle ambitionne comme religieuse désireuse d'imiter Celui en qui on trouve le repos quand on cherche la douceur et l'humilité de cœur : C'est «celle qui ne se sait rien en soi et qui sait le Tout de Dieu pour chercher en Lui sa force, sa lumière, son soutien. Celle qui dans le sentiment de sa misère et de son incapacité, ne laisse pas de tout entreprendre, tout oser pour le bien, en disant comme l'Apôtre '*Omnia posssum in Eo qui me confortat*'. Celle qui favorisée des prédilections divines, se défie néanmoins de sa faiblesse et considère qu'elle ne doit jamais prendre sa sécu-rité en elle-même, mais compter uniquement sur l'Amour miséricordieux. Celle qui ne prend aucune précaution pour paraître humble, mais agit bonnement, avec liberté et sim-plicité, franchise et droiture, prête à admettre qu'elle a pu se tromper, avec bonne foi ou non, quand il y a lieu. Celle qui ne pense plus à soi, mais aux seuls intérêts de Dieu et des âmes, consentant s'il le faut, à passer pour orgueilleuse et ambitieuse aux yeux du vulgaire qui aime la forme et le décorum extérieur jusqu'à quel point il faut pratiquer cette vertu pour consentir à la perdre dans l'opinion des autres.»

La petite Thérèse ne pensait pas autrement quand elle disait : «Je ne m'afflige pas en me voyant la faiblesse même. Au contraire, c'est en elle que je me glorifie. Et je m'attends chaque jour à découvrir en moi une nouvelle imperfection. Je l'avoue, ces lumières sur mon néant me font plus de bien que des lumières sur la foi.»

C'est la base de la petite voie : accepter sa petitesse et compter sur la force d'en haut. Sœur Jean-Baptiste connaissait bien les âmes. Son expérience lui fait comprendre que «celles qui marchent par un principe d'amour et d'abandon aux volontés divines avancent très vite et triomphent plus sûrement des obstacles.»

Dans le monde surnaturel, elle se meut naturellement. Sa foi lui fait transposer d'un monde à l'autre avec aisance. Ce que les poètes voient par intuition, elle le voit par l'esprit de foi et sait détecter la main de Dieu en tout. En plus de l'esprit de foi qui lui fait tout voir en Dieu, elle est doublée de la vision des poètes qui ont le sens du mystère par intuition et qui parlent sans cesse d'un «ailleurs» qu'ils n'arrivent pas à cerner. «Nous ne sommes pas au monde, ailleurs existe» s'écriait Rimbaud. Le pauvre, il aurait voulu découvrir l'inconnu caché au fond des cœurs! Le saint, contrairement au poète, saisit par la foi les rapports entre les choses. On se rappelle ici Thérèse Martin éclatant en sanglots à la vue d'une poule entourant ses poussins. Par la foi, elle transposait immédiatement dans le domaine surnaturel et voyait là une image de la bonté du Seigneur pleurant sur Jérusalem qu'il aurait voulu, comme une poule, rassembler sous ses ailes.

Sœur Jean-Baptiste agit avec le même esprit. Elle est poète et vit de foi vive. Un jour, elle voit M. Lamarre, l'employé de la maison, passer avec une moitié de châssis sur l'épaule. «Il se dirigeait vers le hangar, son fils un bambin de six ans, qui gambadait dans la cour, se dirigea aussitôt vers lui et se mit en devoir de ... l'aider. (!) à porter son fardeau. Le papa accepta l'aide de son petit, qui, tout fier, plaça un bout de châssis sur son épaule et soutint le fardeau de sa main, en avant de son père qui, on le conçoit, marche avec plus de précaution pour ne pas accabler la frêle épaule de l'enfant, tout en lui laissant l'illusion d'être utile à son papa.

C'est bien ainsi, conclut-elle, ô mon Dieu, que vous faites avec moi, votre "toute petite". Vous daignez accepter mes offres de service et d'apostolat comme si j'étais réellement capable de vous aider à sauver les âmes. Et, tout en me laissant la joie de penser que mes humbles travaux et sacrifices peuvent faire du bien, c'est vous qui, en les accompagnant de votre grâce, leur donnez toute leur fécondité. Pas plus que le bambin de six ans, je ne suis capable de porter seule le moindre fardeau. Mais c'est vous qui le soutenez tout entier, et qui, par une condescendance ineffable, acceptez néanmoins que j'y mette la main et l'épaule. Ma seule part à moi consiste à laisser de côté mes jeux d'enfant, mes petites satisfactions personnelles (comme le bambin de tout à l'heure) afin de rester en votre chère compagnie. Voilà ce que vous me demandez de moi, pour marcher à votre pas...»

Chez elle, tout s'unifie dans l'amour. On se rappelle la petite Thérèse qui jubilait le jour où elle trouvait sa vocation dans l'amour. «Dans le cœur de l'Église, je serai l'amour» s'était-elle écriée en comprenant sa vocation dans l'hymne à l'amour de saint Paul. (1 Cor, 13).

Vers cette époque, Sœur Jean-Baptiste commence un véritable apostolat d'amour auprès des sœurs, des prêtres, des religieux et de pieux laïcs qui lui demandent de plus en plus conseil. Et elle travaille pratiquement à temps complet à

Sœur Jean-Baptiste recevant une religieuse en direction spirituelle.

son livre *La foi en l'amour de Dieu*. «Un incident imprévu me fait croire, dit-elle, qu'en agissant ainsi, ma supérieure générale entrera dans les desseins de Dieu qui veut, il me semble, ne m'employer désormais qu'aux choses qui regardent directement ses affaires.»

Quant à elle, elle s'abandonne à Dieu comme un petit crayon docile qui suit le mouvement qu'on lui imprime écrivant des choses dont il ne peut se glorifier, bien qu'elles soient écrites grâce à lui...

Elle s'encourage par l'exemple du Frère André dont la mort arrive au début de l'année 1937. Tout étonnée de voir tant de monde à ses funérailles, elle se pose la question : «Qu'a-t-il donc fait pour obtenir une semblable popularité? Rien, répond-elle, si ce n'est qu'il a servi les desseins de Dieu sur lui, restant toujours dans la main qui l'employait sans jamais s'attribuer le succès de son effort et restant toujours "l'instrument du Seigneur", instrument vil et misérable à ses propres yeux.» (...) Ceux-là seuls qui sont investis d'une mission par le bon Dieu savent ce qu'il en coûte pour en venir à triompher des incompréhensions, des critiques, des oppositions ouvertes ou sournoises, etc.»

Cette dernière phrase nous laisse entendre que son rôle à elle ne fut pas non plus de tout repos. Elle tire une conclusion des solennelles funérailles du frère André : «Ce qui démontre ici jusqu'à l'évidence du surnaturel, c'est la disproportion presque invraisemblable qu'on découvre entre la cause et l'effet, entre le but poursuivi, réalisé et les moyens employés. Là, continue-t-elle, est précisément le procédé ordinaire de Dieu, et comme la signature de ses œuvres. Sa toute-puissance n'a que faire de nos méthodes humaines qui emploient des moyens adaptés au but, et qui calculent les chances de succès d'après leur efficacité intrinsèque. Entre les mains de Dieu, l'instrument le plus modeste, le moins adapté devient l'agent le plus habile des grandes merveilles. Il faut qu'il en soit ainsi pour qu'éclate magnifiquement la gloire du premier Auteur de tout bien!»

Et pendant des pages et des pages, elle parle de la nécessité de l'instrument docile entre les mains de Dieu.

Elle était prête pour son chef-d'œuvre *La foi en l'amour de Dieu* paru en 1934. Un immense succès. De partout, les critiques sont des plus élogieuses. On vante la «doctrine complète, solide et simple. (...) la connaissance approfondie des Saintes Écritures et des grands écrivains spirituels, l'esprit qui domine, celui de sainte Thérèse de l'Enfant-Jésus, interprétée et justifiée à merveille». Même *Le Devoir* abonde dans ce sens. «Ce livre nous empoigne dès les premiers chapitres par la suavité de l'onction et la force de conviction qui le pénètre.» Le Père Couture, o.p. écrira cet éloge clair et sonore : «Au reste, la doctrine si attachante de *La foi en l'amour de Dieu* n'est pas d'hier ni d'aujourd'hui. L'auteur qui connaît ses Écriture l'a puisée à la plus pure source. C'est l'enseignement des Apôtres; c'est le "*manete in dilectione mea*" de saint Jean, c'est le "*ambulate in dilectione mea*"; c'est la science suréminente de saint Paul; et, somme toute la théologie du Sacré-Cœur telle que la prêchent la vie et la mort de Jésus-Christ. Mais encore fallait-il pour mener à bonne fin ce traité de haute mystique de trois cent soixante-douze pages, bien substantielles, non seulement un talent d'écrivain de race, mais encore et surtout, une vie intérieure et une connaissance peu ordinaire à la façon de sainte Thérèse de Lisieux, des grandes "petites âmes".

Que ceux qu'une presse unanime à louer *La foi en l'amour de Dieu* pourrait étonner, veuillent bien se donner la peine – nous voulons dire la joie – de méditer ce livre dans l'esprit qui l'a inspiré, esprit de vive foi et de pur amour. Ils seront ensuite, nous n'en doutons pas, les plus ardents propagandistes d'un ouvrage de marque, le meilleur, à notre sens, écrit au Canada, par un religieuse, depuis la Vénérable Marie de l'Incarnation.»

En réalité, *La foi en l'amour de Dieu* demeurera un grand classique spirituel comme *l'Imitation de Jésus-Christ*. La preuve apparaît dans le nombre incalculable de rééditions et de traductions en plusieurs langues.

Ce qui attire les âmes à sa lecture, c'est la méthode employée, celle d'un entretien, le langage direct, la sincérité qui est la bouche parlant de l'abondance du cœur, le langage très simple, à la portée de tous.

Il s'adresse aux petites âmes, c'est-à-dire à celles dont la vie intérieure oscille entre ces deux pôles : entière défiance de soi, absolue confiance en Dieu. «De sa main délicate, et avec un grand sens psychologique, l'auteur nous force à plonger dans les eaux des divines bontés. (...) Amante enthousiaste de sainte Thérèse de l'Enfant-Jésus, notre Sœur de la Providence semble toutefois marcher parallèlement à la Sainte de Lisieux. La première prône la voie de l'enfance spirituelle ; la seconde nous engage doucement, presque irrésistiblement dans la voie de la confiance en Dieu, parce qu'il nous aime d'un amour constant, personnel, que rien ne rebute, que "le pécheur comme pécheur attire Dieu", avouant "qu'il faut une grande foi pour dire cela" (p. 342) (...) Rarement, par ailleurs, avons-nous entendu théologien aborder le redoutable problème de l'humaine souffrance d'une manière aussi encourageante.» (*Semaine religieuse de Québec,* 14 février 1935)

Enfin, un dernier témoignage, celui du Père A. Cadoux, M.S.C. qui se demande la cause d'un tel engouement pour ce livre. «Ses 373 pages, dit-il, sont un rappel continu, mais combien éloquent et convaincu, du grand principe de la vie spirituelle : l'amour de Dieu pour chacune de nos âmes. Croyons-nous à cet amour? Y croyons-nous vraiment? Savons-nous le pourquoi de cet amour? Savons-nous comment il s'est manifesté et se manifeste encore à chacun de nous? L'auteur répond à toutes ces questions de façon pertinente. Doucement, sans secousse, la vérité descend au fond du cœur : la volonté s'émeut; il semble qu'on redécouvre ce que la vie des sens avait obscurci au fond de nous-mêmes. Que d'âmes ont trouvé leur hemin de Damas dans cette douce révélation de l'amour de Jésus pour elles!»

Le père Cadoux nous révèle ici la grande pédagogie de Sœur Jean-Baptiste qui respecte les délais et les tâtonnements des âmes sur le dur chemin de la perfection. Comme Dieu si patient avec son peuple, elle traité les autres avec une extrême délicatesse. Elle sait par expérience – elle l'a appris du doux évêque de Genève – «qu'on prend plus de mouches avec une cuillerée de miel qu'avec un tonneau de vinaigre.»

***

En mai 1939, Sœur Jean-Baptiste entre à l'hôpital de Verdun. Dans un cahier où elle écrit au crayon de plomb, elle trace des pages qu'elle intitule *Pages suprêmes dédiées à ma douce Mère du ciel.* Elle lui parle ainsi. «Ma bonne Mère, je sais bien, je suis bien malade, et le médecin dit que mon cas est grave...Il a l'air à penser que je n'en reviendrai pas. Moi, j'ai peine à le croire, je n'ose me livrer totalement à cette douce espérance, crainte d'être déçue, ou mieux parce que je désire sciemment me cramponner plus que jamais à mon programme d'abandon. Je veux rester dans une indifférence, telle que le bon Dieu ne s'aperçoive pas qu'il m'impose un sacrifice s'il me laisse encore longtemps sur la terre, souffrir, languir et travailler par là à sa gloire en lui sauvant des âmes!»

Seuls les saints peuvent parler ainsi. Qu'on pense à saint Paul s'écriant : «Pour moi, vivre c'est le Christ, et mourir m'est un gain. Mais si vivre dans la chair fait fructifier mon œuvre, je ne sais que choisir. Je suis pressé des deux côtés : j'ai le désir de m'en retourner pour être avec Christ, car c'est de beaucoup le meilleur, mais rester dans la chair est plus nécessaire à cause de vous.» (Philippiens, 1, 21-22). Sœur Jean-Baptiste raisonne de la même façon : la mort lui permettrait de rejoindre Jésus et elle s'en réjouit, elle n'a vécu que pour cela; cependant, la perspective du recouvrement de la santé lui donnerait l'opportunité de continuer son apostolat. Elle s'ajustera à cette éventualité qui lui permettra de s'abandonner au bon vouloir divin. Remarquons la discrétion. Elle voudrait même cacher ses bonnes action aux yeux de Dieu! Sainte Thérèse avait eu un jour le même désir de cacher le froid qu'elle ressentait en se frottant les mains à la dérobée, comme en cachette du bon Dieu.

Enfin, le verdict est rendu : elle sera opérée. Aussitôt reprenant son cahier écrit au plomb, s'adressant toujours à Marie, elle ajoute dans ces mots : «Mère, tu en es témoin, tu as vu et entendu ce qu'on m'a dit, tantôt à notre hôpital de Verdun! C'est un brusque changement qui s'opère dans mon horizon de malade. J'avais la perspective d'un long séjour à l'infirmerie, couronné par une mort douloureuse,

une mort de cancéreuse. peut-être. C'était rude humaine-
ment. Pourtant, je chantais et j'étais joyeuse.» Plus loin, elle
écrit : «Tu sais ce qui m'attend : après-demain, 17 mai, anni-
versaire de la canonisation de ta petite Thérèse, je monterai
sur l'autel du sacrifice, qui sera pour moi la table d'opération. La chose est grave, du point de vue humain et scienti-
fique. On veut améliorer ma pauvre santé déjà si peu
brillante. Y réussira-t-on? Quant à moi, j'en doute. Aussi
bien, n'est-ce point pour guérir que j'accepte de passer sous
le bistouri. Mon point de vue est différent. C'est en me
plaçant à l'angle de la foi que je me laisse opérer. Le Bon
Plaisir du bon Dieu m'est présenté sous cette forme cruci-
fiante : je me livre à lui spontanément, sans hésitation ni
recul.»

Elle accepte tout à l'avance : «Quoi qu'il advienne, je
me cramponne à la sainte volonté du Père. (...) Que le bon
Dieu se glorifie en moi, soit par la vie, soi dans la mort! Je ne
veux que cela» Si ce n'est pas là l'indifférence ignatienne, je
me demande bien ce que pourrait signifier une telle attitude
de détachement.

L'opération a lieu le 17 mai : «ablation du rein droit
complètement atrophié et de la majeure partie d'une tumeur
cancéreuse qui y adhère dans la région de l'estomac. On
parle de son autre rein "flottant".» Le surlendemain, elle est
administrée. Le médecin prétend qu'elle ne survivra pas à
cette opération. Cependant, elle revient à Maison mère le
20 juin suivant, suspendue entre la vie et mort tout l'été. Elle
restera alitée presque une année complète. Le progrès sera
lent et jamais complet. Il faut se rappeler qu'une opération
précédente n'avait pas été un succès. Elle avait pourtant fait
observer au médecin : «Il me semble que vous avez oublié
quelque chose à l'intérieur de moi!» avait-elle dit avec sa
perspicacité coutumière. Mais la science trouva ses observations saugrenues...

Malgré ses souffrances et ses insomnies continuelles (et pour cause!), Sœur Jean-Baptiste se propose de continuer son apostolat par la plume si la santé lui est rendue. L'aumônier la presse de demander sa guérison car, lui dit-il, «Dieu veut se servir encore de vous pour faire du bien aux âmes». Il lui recommande de demander sa guérison à la Vierge Marie. Si la santé lui est rendue, on pourra parler d'un vrai miracle. De plus, ajoutait-il, la Vierge Marie n'a pas besoin de miracle pour être canonisée. Ce serait un geste gratuit.

Sœur Jean-Baptiste obéit. Elle se remettra de façon inexplicable et reprendra la plume malgré ses souffrances. Ainsi, *Le Service d'Amour* paraît le 24 avril 1942. Elle trouve elle-même que son volume tient du miracle. «Quand j'étais malade "condamnée à mort" par la science médicale, littéralement anéantie sur mon lit de douleurs, sans forces pour agir ni penser, je me disais : Si jamais mon livre voit le jour, ce sera un vrai miracle! Ce miracle est fait. Ô mon Dieu, rien ne vous est impossible! Que vos voies sont étranges pour le sens humain, mais qu'elles sont admirables aux yeux de la foi!»

Un très grand succès que ce livre : 6 000 exemplaires vendus. Pour la deuxième édition sous presse : 12 000! Encore une fois, toutes les critiques sont unanimes. Cet ouvrage est écrit en «un style limpide, richement documenté, c'est l'œuvre d'un ascète, d'un psychologue averti»; «solide théologie, pénétrante analyse, langue personnelle, logique qui va droit son chemin, jugement sûr, langue claire; livre de haute inspiration, accessible à tous par sa simplicité, parfaitement ordonné, brillant de clarté, doctrine sûre et forte, sur un ton et sous une forme qui dilatent l'âme et font aimer la vertu.»

On n'en finirait plus s'il fallait citer les recensions toutes aussi élogieuses les unes que les autres. En vérité, Sœur Jean-Baptiste voulait simplement proposer une mise en pratique de la foi en l'amour de Dieu, aider les petites âmes à aimer Dieu «sans biaiser, sans complications de méthodes». Elle voulait «proposer un idéal supérieur de vie chrétienne accessible à toutes les bonnes volontés, tant dans le monde que dans l'état religieux». (liminaire). Comme François de Sales avec son *Introduction à la vie dévote,* dans le temps. À son exemple, Sœur Jean-Baptiste souhaite que «chaque lecteur puisse sentir une âme parler à son âme».

Elle part du grand principe du commandement universel de l'amour : «il faut aimer Dieu de tout son cœur, de toute son âme, de tout son esprit, de toutes ses forces» (Luc, X, 27). Cet amour est une initiative divine. Elle enchaîne avec logique que Dieu désire cet amour parce que, ce faisant, chaque âme y trouve son bonheur. Enfin, l'amour vrai débouche sur le service tant il est vrai qu'aimer, c'est servir. Dans la deuxième partie de son livre, en bonne pédagogue, elle passe à la pratique et enseigne l'occupation du service d'amour vécu dans son devoir d'état et toutes ses exigences «royales». Même l'apostolat est aussi un service d'amour. Elle conclut par un examen de conscience : «Y a-t-il quelque chose en nous qui s'oppose sciemment à l'amour de Dieu ?» et ultimement, par un hommage à Marie qui «l'a ramenée des portes du tombeau d'une façon inespérée et toute providentielle». (2)

Ce livre ne s'explique pas. Il faut le lire lentement, se laisser imbiber par la suavité des grandes eaux qui pénètrent jusqu'aux profondeurs du cœur pour le purifier et l'ouvrir à Dieu. La poésie surgit à chaque page et vous envoûte par son charme.

Par exemple, je relis sa méditation sur les étoiles qu'elle aimait tant. À partir du baudrier d'Orion qui fascinait tant la petite Thérèse, elle nous amène au passage du prophète Baruch : «Les étoiles ont donné leur lumière chacune à leur poste, et elles se sont réjouies. Elles ont été appelées et elles ont dit : Nous voici ! Et elles ont brillé avec joie pour Celui qui les a faites!», Sœur Jean-Baptiste fait devant nous une contemplation. Dans la citation de Baruch, elle voit l'empressement des étoiles, leur joie sereine dans l'accomplissement de leur mandat exécuté pour la gloire du Créateur et son âme jubile d'être à son tour cette petite étoile qui reflète la gloire de Dieu, illuminée par l'étoile splendide du matin dont parle l'Apocalypse. (XXII,16) Cela ne s'explique pas. Il faut lire lentement, à tête reposée. C'est de la pure contemplation et combien poétique!

Tant de lettres de remerciement, tant de demandes de continuer cet apostolat par la plume la poussent en août 1944, à demander à sa supérieure générale l'autorisation de rédiger un autre livre sur l'abandon. Deux mois plus tard, la supérieure lui répond d'attendre après la guerre. Sœur Jean-Baptiste accepte et écrit dans son journal : «Je reçus cette décision comme venant de Dieu et, sans chercher à en scruter le pourquoi, je répondis aussitôt à notre Mère par une lettre de filiale adhésion, lui disant que j'allais pratiquer ainsi le saint abandon, avant d'en parler aux âmes. En mon for intérieur, ajoute-t-elle, je pressentais que sa réponse, plutôt étrange et sans fondement, ne pouvait qu'être inspirée du ciel, pour quelque dessein caché qui se révélerait un jour.»

Toujours la lucidité sur les personnes et les choses mais toujours aussi l'obéissance adulte dans la foi absolue. Cette révélation (des desseins cachés de Dieu) ne tarda pas. Elle l'explique ainsi : «Peu de jours après, au téléphone, le R. Père Adrien-M. Malo, me pressait – pour la seconde fois de réunir et publier en volume, mes articles parus dans *La vie des Communautés religieuses* sous sa direction, étant donné les demandes fréquentes qu'il reçoit de ces articles. Je répondis négativement, n'ayant aucun attrait pour ce travail et n'y voyant aucun apostolat véritable. Le lendemain cependant, dès mon réveil, j'éprouvai un sentiment tout différent. Le titre du livre, la façon de le préparer, la pensée d'y ajouter quelques articles inédits dont la matière était déjà ébauchée dans mes cartons, tout cela me mit une sorte d'enthousiasme au cœur. Je voyais tout à coup un bien immense résultat de ce livre à peu près composé en des pages éparses qui, sans cette publication, demeureraient inutiles. Je téléphonai au R.P. Malo pour lui communiquer ce changement qu'il approuva et trouva même providentiel, puis j'écrivis à notre Mère pour lui demander la permission de commencer ce travail. Quelques jours plus tard, la permission m'arrivait par avion. Et c'est la genèse de *Pour mieux servir Dieu* qui doit sa naissance à un acte d'abandon aveugle.»

Parce qu'elle l'a expérimenté, dans ce livre, Sœur Jean-Baptiste, revient avec insistance sur l'abandon et la conformité à la volonté de Dieu, principe fondamental de la vie spirituelle. Elle s'appuie sur la grande Thérèse d'Avila et la cite à propos: «Ce à quoi doivent prétendre ceux qui commencent à s'adonner à l'oraison, c'est de travailler avec courage et par tous les moyens à conformer leur volonté à celle de Dieu. Plus on pratique cette conformité, plus on reçoit de Dieu. N'allez pas croire qu'il y ait d'autres secrets ou d'autres moyens inconnus ou extraordinaires d'avancer: tout notre bien est là.»(3)

Pour Sœur Jean-Baptiste, il y a longtemps qu'elle en a fait la base de sa vie spirituelle. Toujours concrète, elle y revient avec ses applications pratiques: «toute la vie spirituelle commence par l'amour, se poursuit par l'amour et s'achève par l'amour. Mais puisque l'amour est une question d'obéissance à Dieu, à ses représentants, à sa Providence, il est également vrai de dire que la vie spirituelle commence par le don de soi à la volonté divine, qu'elle se poursuit par l'obéissance à cette divine volonté et qu'elle devient parfaite par la pratique du saint abandon.»(4)

Et, en personne expérimentée en la matière, elle aligne les principes de vie intérieure et la pratique des vertus:

ascèse indispensable, petites fidélités, pureté d'intention, loi de la souffrance, paix et confiance, joie sereine au service de Dieu, bonne humeur et charité, etc.

Ce sont des conseils judicieux donnés avec grande sérénité, presque avec humour. Le style poétique qui les enveloppe leur donne comme un air d'aller de soi. On se surprend à penser que la vertu pourrait être aimable et facile...mais c'est l'expérience de toute une vie qu'elle nous donne. Elle nous propulse à la troisième étape de la vie spirituelle qui, selon elle, débouche justement sur la charité fraternelle. Après avoir compris que même ses misères peuvent servir si on s'abandonne complètement à l'amour miséricordieux, l'âme entend l'appel : «Pour me prouver la sincérité de ta donation, livre-toi au prochain. Laisse-toi dévorer par lui. Consume-toi sur l'autel de la charité fraternelle! (...) C'est la vie d'apostolat qui commence et que la grande sainte Thérèse considère comme le sommet de la perfection.»

***

Subitement, Sœur Jean Baptiste cesse d'écrire ses notes intimes et nous explique pourquoi : «Ma vie intérieure ne connaît plus ces transports d'amour, ces élans de ferveur sentie, qui avaient le don de se traduire parfois en phrases brûlantes. Tout est devenu simple et apaisé dans mon âme. Et c'est là je crois, l'une des raisons pour lesquelles j'ai cessé d'écrire.»

Elle voudrait tout brûler ce qu'elle a écrit mais, Dieu merci, sa supérieure comme son confesseur l'en empêchent. C'est dire qu'ils voyaient clair et loin.

Malgré tout, sur l'avis de son confesseur, Sœur Jean-Baptiste se remet à son vieux clavigraphe mais cette fois, elle avoue en commençant : «Ma faiblesse, voilà ma plus grande sécurité». Pour pouvoir écrire, il lui faudrait être soustraite de la direction spirituelle des sœurs plutôt accaparantes et le secrétariat qui ronge son temps si précieux. Comme elle se trouve dans l'obéissance, elle garde son âme pacifiée et jubile devant l'œuvre de Dieu en elle. Elle se dit toujours prête à obéir au moindre signe de la volonté de Dieu. Elle accepte «ce clair-obscur perpétuel» qu'est devenu sa vie intérieure. C'est la petite hostie offerte en sacrifice pour le salut de tous.

Depuis deux ans (1946), elle est zélatrice de la Garde d'Honneur du Sacré-Cœur. Elle ne voyait pas bien ce que la dévotion au Sacré-Cœur pût ajouter à sa vie spirituelle. Cet amour, elle l'avait chanté sous tous ses aspects dans *La foi en l'amour de Dieu*. Elle y puisa cependant «un renouveau de ferveur pour l'ensemble de (sa) vie spirituelle, en même temps qu'un moyen d'apostolat au sein de (sa) famille religieuse» et des motifs d'unir ses souffrances et de leur donner une valeur rédemptrice. Aussi, dans ses carnets intimes, elle peut écrire: «Je sais ce que c'est d'offrir son corps comme une hostie vivante et agréable à Dieu. Je sais ce que c'est d'aimer Dieu et de servir le prochain avec une monture usée et délabrée, souffrante et souvent revêche. Ce n'est pas une petite croix pour mon âme d'être rivée à un compagnon si peu "avenant" qu'elle doit toujours stimuler, pousser, entraîner à coups d'efforts, ou bien ménager, par une sage politique, afin d'en obtenir un rendement convenable! Pauvre âme, brûlée de si grands désirs de perfection, hantée par de si vastes rêves d'apostolat, et toujours arrêtée dans son élan par la lourdeur de ce corps qui ne veut pas suivre!» Et elle termine, comme toujours, par un acte d'abandon: «Non, Seigneur, je ne désire ni plus de santé, ni plus d'action, ni plus de facilité dans ma montée vers vous. Cet état habituel de faiblesse et de lassitude est mon précieux portement de croix. C'est lui qui me permet d'achever en moi ce qui manque à votre Passion pour votre Corps mystique.»

C'est ainsi que raisonnent les saints. Ils savent que Dieu écrit droit avec des lignes croches et que «tout sert au bien de ceux qui aiment Dieu». N'est-ce pas d'ailleurs la seule façon de donner une valeur à la souffrance inévitable dans la vie de toute personne humaine?

***

1) *Notes intimes, ibid.*, p.173
2) *Le Service d'amour*, p 387
3) *Le Service d'amour*, p.47
4) *Le Service d'amour*, p.53

LE SUPRÊME ABANDON

Sœur Jean-Baptiste décide de se mettre à l'œuvre pour la rédaction de *l'Abandon filial*, son dernier ouvrage. Ce n'est pas de gaieté de cœur. Elle écrit : «Je sais trop ce que l'expérience passée m'a appris, quelles fatigues m'attendent, à quels sacrifices je me voue pour ma propre vie spirituelle en me donnant à cet apostolat qui m'exténue corporellement et m'épuise mentalement. Malgré tout, depuis que j'y vois une

Le vieux calligraphe que Sœur Jean-Baptiste utilisa
pour écrire tous ses livres.

volonté de Dieu assez claire, je me sens courageuse pour m'y adonner.(...) Depuis quelques semaines, le Seigneur me montre à clair la disproportion qui existe entre les exigences de ce travail et mes propres ressources physiques, intellectuelles et morales ou spirituelles, mais il me donne en même temps une confiance illimitée en son aide.»

Un contretemps survient. La Mère Générale ne peut alléger sa tâche de secrétariat pour lui permettre d'écrire son livre. Sœur Jean-Baptiste reste bien paisible, convaincue que «l'œuvre de Dieu se fera à son heure, malgré les obstacles et les difficultés». De toute façon, «il y a mieux que d'écrire un livre sur l'abandon, se dit-elle, c'est de le vivre!»

Elle se met tout de même à la tâche, «au petit bonheur, suivant l'inspiration du moment, mais non sans souffrir. J'ai l'âme sous le pressoir, accablée par la conviction que mon travail de plume est insignifiant, que ce livre sera banal, etc. Et moi qui me tue à l'écrire!» Décidément, on ne lui facilitait pas la tâche!

Cependant, elle reste résolue à poursuivre son projet «étant donné que Dieu veut cela de moi actuellement». Il lui en coûte d'écrire comme tout écrivain devant le supplice de la page blanche. «On ne sait pas ce qu'il m'en coûte pour écrire, dit-elle. En général, il me faut donner à ma tâche un effort très laborieux, souvent très pénible, étant donné mon pauvre état de santé et l'usure de mes forces cérébrales.»

Elle ne pourra malheureusement pas achever son ouvrage. Ses forces déclinent. Après un bref séjour à l'hôpital, le docteur Prince étonné de la voir encore en vie, la renvoie mourir à la Maison mère.

Les visiteurs accourent de partout pour voir leur «sainte» car on la reconnaît comme telle depuis longtemps. Deux de ses nièces, religieuses de la même congrégation, arrivent sur les entrefaites et, par pur hasard ou providentiellement, se retrouvent ensemble à son chevet. Sœur Jean-

Baptiste les accueille avec plaisir et les assure qu'une fois au ciel, elle fera tomber une pluie de lis sur la terre. C'est ce qu'elle avait promis de faire dans un poème composé le 15 avril 1928 quand elle saluait sa mort comme «le plus beau jour de sa vie» :

> Vous qui m'avez aimée en ce séjour mortel,
> Ne pleurez pas ma mort : en partant je vous reste !
> Comme Thérèse aussi, près du Père céleste,
> À vous faire du bien, je passerai mon ciel !
>
> Oui, j'emporte avec moi ce désir et ce rêve
> De là-haut, me pencher sur la terre des pleurs
> Pour y jeter des lys, y calmer des douleurs,
> Pour faire aimer Jésus sans repos et sans trêve !

Sans doute qu'elle peut le faire car son âme si belle et précieuse aux yeux de Dieu à qui elle est maintenant unie éternellement. Bien entendu, je me soumets au décret d'Urbain VIII et je ne veux en rien anticiper le jugement de l'Église sur la vénération due aux saints mais il m'arrive de rêver et soudainement, je vois l'image de Sœur Jean-Baptiste dans la gloire du Bernin et j'aperçois la place Saint-Pierre toute décorée de beaux lis blancs pendant que j'entends des trompettes d'argent accompagner les petits chanteurs de la Chapelle Sixtine entonner un motet emprunté au *Cantique des Cantiques*. C'est le cri de l'épouse qui résonne ainsi : «Mon bien-aimé est à moi et je suis à lui, lui qui paît parmi les lis.» (2, 16)

Dans un poème de toute beauté, Sœur Jean-Baptiste nous parlait elle aussi des lys et du symbolisme dont ils embaumaient son cœur :

> Les lys ont pour moi des attraits
> Dont je ne sais me défendre :
> Leur vue , en mon cœur fait descendre

Comme un parfum du ciel qui m'enivre de paix !

Et lorsqu'ils meurent près des cierges
Dont l'ardeur les fane au saint lieu,
Je songe à l'amour du bon Dieu
Qui fait ainsi mourir en paix les âmes vierges !
(5 août 1923)

Deux semaines avant sa mort, l'une de ses deux nièces religieuses, Sœur Laurette Lavergne, s'enhardit à lui demander si elle allait penser à elle, une fois rendue auprès de Dieu. La malade souriante répond que oui. Elle les aidera pour tout ce qui regarde le domaine de l'amour de Dieu. Mais quant au reste (maison à vendre, emplois, objets perdus, etc.) elles pourront toujours continuer à s'adresser à saint Joseph, saint Antoine ou saint Jude. Chère Sœur Jean-Baptiste, elle garde son sens de l'humour, même dans ses derniers moments.

Deux jours avant sa mort, elle se fit chanter un cantique qu'elle avait composé elle-même pour la circonstance. Il se lit comme suit :

C'est le grand jour. L'Époux divin m'appelle
Loin de ce monde où je languis encor,
Vers le séjour des clartés immortelles,
Il me convie à prendre mon essor,

Déjà sur moi, la mort étend son aile
Prête à combler le plus cher de mes vœux,
Je lui souris et me livre par elle
Au bon Vouloir de mon Père des cieux.

Ils sont finis les jours de ma souffrance,
L'exil n'est plus : son cours est achevé !
Et j'entrevois – indicible espérance !
Un ciel plus beau que je n'avais rêvé !

C'est le grand jour! Mon âme prisonnière
Verra bientôt tous ses liens brisés...
Bientôt, bientôt, dans la pure lumière,
Tous mes espoirs seront réalisés!

Ah! qu'il fut beau mon terrestre voyage,
Sous les rayons du soleil de l'Amour!
Il brille encor, cet Astre sans nuage,
Illuminant de paix mon dernier jour.

Jésus-Hostie, à mon heure suprême,
Viens m'apporter un divin réconfort,
Et que j'expire en murmurant «je t'aime»,
Je suis à Toi, dans la vie, à la mort.

Pour l'instant même où finira ma vie,
Mon cœur formule encor ce dernier vœu,
Sois près de moi, douce Vierge Marie
Pour m'emporter tout droit chez le bon Dieu!'

Ensuite, elle demanda à son infirmière coutumière, Sœur Aldéa Pichette, d'empêcher les sœurs de venir lui réciter des prières qu'elle-même ne pourrait pas comprendre. «Qu'elles se contentent de récitent des *ave*! Ça, je pourrai comprendre!»

Sœur Jean-Baptiste a beaucoup écrit sur la mort, entre autres un très beau chapitre «Les fêtes du ciel» dans *Pour mieux servir Dieu*. Là, elle nous expliquait que ces fêtes du ciel ne doivent pas nous faire oublier «la porte d'entrée au banquet des noces divines qui est la mort». C'est par cette porte qu'il faut passer... et elle paraît bien sombre, terrifiante souvent à plus d'une âme. Mais elle affirmait en même temps que «la crainte de la mort n'est salutaire que si le désir du ciel en tempère les angoisses». Avec sa foi dynamique, elle rappelait encore le souvenir de sainte Thérèse qui voyait dans la mort un jour de fête. «Je n'ai jamais eu le désir de mourir un jour de fête, disait cette dernière : ma mort sera par elle-même une assez belle fête!»(1)

Ces pensés ont sûrement adouci ses derniers moments. La même sœur infirmière affirme qu'elle se comportait en bonne malade, toujours de bonne humeur, n'exigeant aucune faveur. Rien de spécial ne la distinguait des autres. Le cancer qui la rongeait la faisait cependant beaucoup souffrir. Aussi, affirmait-elle à son infirmière «qu'il était difficile de mourir physiquement». Elle lui demanda de rester près d'elle pour lui aider à échapper aux derniers pièges du démon, qui, pensait-elle, pouvait venir l'intimider avec ses peurs.

Le soir du 17 avril, elle sentit que la fin approchait. Les sœurs accoururent et remplirent la rotonde car sa chambre donnait sur l'arrière de la chapelle. Elle s'éteignit sans bruit, tout doucement, comme elle avait vécu. Pas d'apparition soudaine ni de déclaration fracassante. Elle n'avait que cinquante-quatre ans. Sœur Pichette lui ferma les yeux. Elle assure que plusieurs religieuses s'empressèrent de lui couper des cheveux pour s'en faire des reliques, tellement elles la considéraient comme une vraie sainte. Pas de doute pour ses amis et lecteurs. Nous la voyons entrer dans la gloire réservée aux petits et aux humbles.

***

Une année après sa mort paraissait l'ouvrage posthume *L'Abandon filial* qui lui avait coûté tant de peines. C'est un compendium de toute sa doctrine exposée tant de fois. Cette fois, Sœur Jean-Baptiste s'adresse aux «âmes sincères disposées à avancer malgré les difficultés» car «l'Esprit divin ne peut pas opérer la perfection chrétienne sans que les hommes y jouent leur rôle par leur effort quotidien.» «On ne pratique pas l'abandon avec une âme de gélatine. Il faut une âme trempée, capable de renoncement.»(2) La bonne volonté ou la sincérité, c'est «une détermination foncière de ne rien refuser à Dieu..»(3)

À la suite des grands maîtres de la spiritualité et particulièrement de la «mâle et virile» doctrine thérésienne, elle pose les fondements de l'abandon. Ce livre forme une trilogie avec *La foi en l'Amour de Dieu* et *Le Service d'Amour*. Sœur Jean-Baptiste adopte le ton simple de l'entretien ou d'une «conversation qui n'est ni longuement préparée, ni savamment arrangée». Il lui arrive d'utiliser parfois «le langage direct et la forme impérative, car dit-elle, avec ses intimes, on ne fait pas de triage ni de style, on ne vise pas à l'effet littéraire.»(4)

Avec vigueur, Sœur Jean-Baptiste pose les principes de base qu'il ne faut jamais oublier en spiritualité : d'abord et avant tout : l'obéissance à la volonté signifiée qui délivre de toute illusion «parce qu'à faire plus qu'on ne doit, il y a une certaine gloire que l'on ambitionne et qui rend tout aisé au lieu que faire ce qu'on doit, il n'y a point d'autre louange à espérer que celle des serviteurs inutiles.»(5).

Puis elle revient sur la simplicité et l'humilité et propose Jésus et Marie comme modèles. «À leur suite, on ne s'égare pas»(6). Elle insiste sur la sainte indifférence et le détachement intérieur car «Dieu fait toujours ce qui est le mieux pour sa gloire et pour notre bien»(7). Elle a ensuite un des plus beaux chapitres qui ait été écrit sur l'obéissance. Elle parle d'expérience et burine dans le cœur certains principes qui sont comme des refrains : «impossible d'obéir si l'on ne sait pas aimer. Impossible d'aimer si l'on ne sait pas obéir.»(8) et donne l'exemple – comme elle le fait à chaque fin de chapitre – de l'ascèse thérésienne, de l'abandon filial, nous mettant en garde contre deux erreurs : le quiétisme et le fatalisme.

Une fois le terrain déblayé, elle propose ensuite le côté positif de l'abandon, ses fondements et sa pratique. Avec enthousiasme, elle parle de la paternité divine, de notre adoption individuelle. Ces dernières pages ruissellent d'amour comme les dernières paroles de Jésus au soir du Jeudi-Saint.

Sœur Jean-Baptiste a mis tout son cœur passionné et ardent dans ce livre, suivant à la lettre, les principes de la spiritualité thérésienne. Si Jean Chrysostôme a pu dire : «Le cœur de Paul, c'était le cœur du Christ», sans exagérer, l'Église le dira sans doute un jour, on pourrait dire avec non moins de vérité : «Le cœur de Sœur Jean-Baptiste, c'était le cœur de la petite Thérèse». Pas surprenant de lire ces ultimes lignes de son livre qu'elle consacre à sa sainte préférée :

«Sainte petite Thérèse disait : "le bon Dieu fera toutes mes volontés au ciel, parce que j'ai toujours fait la sienne sur la terre". Et moi, termine-t-elle avec assurance, j'ai quelquefois envie de dire, et je dis effectivement : il commence déjà sur la terre à faire mes quatre volontés, parce que je m'abandonne à la sienne ! Que c'est doux de se sentir guidée, protégée, dans les détails de sa vie, par la main d'un si tendre Père !»(9)

***

1) *Pour mieux servir Dieu,* p. 310
2) *L'Abandon filial,* p. 42
3) *id.,* p. 42
4) *ibid.,* p. 26
5) *ibid.,* p. 60
6) *ibid.,* p. 70
7) *ibid.,* p. 83
8) *ibid.,* p. 115
9) *ibid.,* p. 226

LA SPIRITUALITÉ DE
SŒUR JEAN-BAPTISTE

Je n'ai pas l'intention d'esquisser ici un traité sur la théologie jean-baptistienne. D'autres s'en chargeront quand il s'agira de la Positio. Mon propos initial était de faire connaître cette grande personnalité, cette Marie de l'Incarnation des temps modernes qu'est Sœur Jean-Baptiste. Je crois, tout de même, que je serais incomplet si je n'esquissais à grands traits les principes fondamentaux de sa spiritualité.

Sœur Jean-Baptiste n'a pas fréquenté les universités. Catherine de Sienne, Thérèse d'Avila, Marie de l'Incarnation, Thérèse Martin non plus. C'est par ses lectures personnelles, ses contacts avec les grands maîtres de la spiritualité et son union à Dieu qu'elle a forgé la sienne. En réalité, son grand Maître a été le Saint-Esprit, comme pour toutes les grandes mystiques.

Dans son œuvre comme dans sa vie, la spiritualité trinitaire domine, il va sans dire. C'est d'abord la dévotion au Père qui la fait vivre dans un esprit d'abandon filial. On pourrait sans doute affirmer qu'il s'agit là du trait dominant de sa spiritualité. Le jour où elle prend conscience de cette merveille de l'adoption divine est pour elle «un jour d'émotion intense et joyeuse». Ainsi, elle écrit dans *La Foi en l'amour de Dieu*: «Je compris alors pourquoi la petite Thérèse pleurait de tendresse et de reconnaissance en donnant au bon Dieu le doux nom de Père : elle savait que ce n'était pas la simple figure ou pieuse allégorie, mais réalité profonde et certaine.» De cette réalité, l'apôtre saint Jean, extasié devant l'amour divin qu'elle manifeste, l'affirmait avec une sorte d'enthousiasme : «Voyez disait-il aux premiers fidèles, voyez combien est grand l'amour que le Père nous a témoigné, puisqu'il a voulu non seulement que nous soyons appelés ses enfants, mais que nous le soyons en effet.»

Et Sœur Jean-Baptiste nous prouve comment sainte Thérèse appuyait son amour filial sur les Saintes Écritures.

> «C'est dans les Livres saints, explique-t-elle et surtout dans l'Évangile, que l'admirable sainte a puisé sa foi en l'amour paternel de Dieu. Sous chacun des mots sacrés, continue-t-elle, elle sentait battre le cœur de Dieu son père, et ces battements lui paraissaient pleins d'une compatissante tendresse. Voyez plutôt de quel genre sont les déclarations d'amour qui la frappent davantage, sitôt qu'elle ouvre les pages des Saintes Écritures. Quand même une mère oublierait son enfant, moi je ne vous oublierai jamais! Comme une mère caresse son enfant, ainsi je vous consolerai ; je vous porterai sur mon sein, je vous bercerai sur mes genoux!»
>
> (Isaïe, 66, 12-13) (2)

À la suite de l'apôtre bien-aimé du Seigneur, Sœur Jean-Baptiste nous montre comment Jésus n'avait que ce mot à la bouche : «le Père! Le Père!» Cet esprit d'abandon filial la fait vivre en présence continuelle de ce Dieu qui l'habite et la remplit de joie, tout comme Sœur Élisabeth de la Trinité qui s'exclamait : «J'ai trouvé mon ciel ici-bas, car le ciel c'est Dieu, et Dieu est dans mon âme.»(3)

Sœur Jean-Baptiste elle aussi, n'avait que ce mot à la bouche : «Dieu notre Père!» Dans *l'Abandon filial*, elle consacre son ultime chapitre à cette révélation capitale. C'est son testament. Elle avait écrit également tout un chapitre (IV) dans *La foi en l'amour de Dieu*.

Sa dévotion au Fils n'est pas moins grande que celle qu'elle voue au Père. Plus vite que Philippe, elle comprend que «celui qui voit Jésus voit le Père» puisque Jésus est la révélation du Père. Or, Dieu est Amour et cet amour il nous l'a exprimé à l'excès dans son Fils. Pour Sœur Jean-Baptiste, Jésus est son Tout. Elle l'écrit dans un poème où elle exprime la prédilection de Jésus pour les petits :

Quittant des cieux la gloire éblouissante
Lui, l'Éternel, il s'est fait l'un de nous.
Il est venu dans la grâce attirante
D'un enfant humble et doux.

Et depuis lors, je l'appelle mon frère
Cet Enfant-Dieu qui m'a ravi le cœur
Et qui veut bien m'accepter, ô mystère !
Pour sa petite sœur !

Jésus-Enfant est à qui veut le prendre,
Mais il se donne avant tout aux enfants...
C'est aux petits qu'il daigne faire entendre
Ses secrets ravissants.

Pour recevoir cette faveur divine
Non accordée aux sages d'ici-bas,
Avec Thérèse en la «voie enfantine»
J'ai fait mes premiers pas.

> Depuis ce jour, pour dire ma tendresse
> Au Bien-aimé que je préfère à tout,
> Je n'ai qu'un mot, doux comme une caresse :
> Mon JÉSUS ET MON TOUT !

On ne pouvait mieux résumer le mystère de l'Incarnation, la filiation divine, l'union intime de l'âme avec Dieu par le Verbe incarné. On retrouve des strophes semblables chez des mystiques comme Bernard de Clairvaux, entre autres. Qui ne se souvient de «Jesu dulcis memoria»? La fin de son poème nous fait penser au cri de Thomas devant le Ressuscité.

Depuis sa profession, Sœur Jean-Baptiste s'est livrée tout entière à Jésus. Elle le dit en vers tendres mais sincères :

> L'amour de Jésus me fait vivre
> Il est mon céleste aliment,
> Le vin très pur dont je m'enivre
> Et mon parfait rassasiement !

Mais Sœur Jean-Baptiste sait aussi que l'amour rend les amants égaux. Il appelle à la ressemblance dans les souffrances avant le partage de la gloire. Aussi, ajoute-t-elle :

> Les grandes croix, je les redoute,
> Mais je puis prouver mon amour
> En versant mon sang goutte à goutte
> À la tâche de chaque jour

Et dans des stances à la croix de sa profession, elle pourra dire :

> Je compris qu'il faudrait, à la suite du Maître,
> Te porter – plus lourde – en mon cœur ;
> Au bon plaisir divin, immoler tout mon être
> Sous le pressoir de la douleur.
>
> (3 mai 1917)

La preuve suprême de l'amour de Jésus apparaît dans sa passion. Aussi, dans *La foi en l'amour de Dieu*, Sœur Jean-Baptiste écrit-elle l'un des ses plus beaux chapitres sur l'amour de Jésus dans la rédemption.(4) Cet amour prend volontiers l'aspect de l'amour miséricordieux (dernier chapitre de son volume). C'est pour elle, le trait dominant de l'amour de Dieu : «un besoin de descendre vers ce qui est bas, vers ce qui est misérable ; un besoin tellement irrésistible, tellement naturel, que, au dire de notre Sainte, il s'agit toujours de sainte Thérèse qu'elle cite, c'est pour le satisfaire que Dieu a créé des êtres vers lesquels il trouvera à descendre jusqu'aux extrêmes limites de la misère humaine.»(5)

L'amour vit de présence, on le sait. Aussi, Jésus par son Eucharistie a voulu rendre présent tout l'amour qu'il avait sur la croix contemporain de tous les humains, Sœur Jean-Baptiste voudrait être, à son tour, petite hostie qui s'immole comme Jésus sur l'autel. Elle a écrit de nombreux poèmes sur le sujet. Elle signait «laudis hostia» et ne voulait faire de sa vie qu'une louange à son Dieu. Citons-en un parmi des dizaines :

> Et tout le long du jour qui passe,
> Que mon ciel soit gris, noir ou bleu,
> J'en vis en action de grâce,
> Louant sans cesse le bon Dieu.
>
> La plus humble tâche à laquelle
> Je me livre pour le Seigneur
> Ajoute une strophe nouvelle
> À mon cantique intérieur.
>
> Travail, repos, joie et prière,
> Sacrifice, renoncement,
> Exil du cœur, ombre et lumière
> Tout fournit matière à mon chant !

> Mon secret d'humble virtuose
> Je le révèle sans détour
> C'est d'harmoniser toute chose
> Sur le clavier d'or de l'amour !
>   (novembre 1923)

Elle a écrit sur l'Eucharistie, des poèmes dignes des célèbres Pange Lingua ou Lauda Sion de saint Thomas d'Aquin.

Parler de son culte pour l'eucharistie, c'est dire toute la place qu'occupe la messe dans sa vie. Le chapitre VII de *La foi en l'Amour de Dieu* (Amour de Jésus dans l'Eucharistie) est un chef-d'œuvre digne d'un Père de l'Église(6). Elle reviendra sur le sujet dans *Pour mieux servir Dieu* et consacrera deux chapitres respectivement à la sainte messe(7) et la sainte communion(8) Elle-même se consacrera au Cœur eucharistique de Jésus dès son noviciat en 1914. Elle exaltera le rôle du prêtre dans des poèmes brûlants de charité. Ainsi, en juin 1922, elle écrivait dans *Sacerdos alter Christus* :

> Après l'Eucharistie, il est une merveille
> Dont la beauté s'impose aux regards de ma foi...
> Ce chef-d'œuvre, ô Jésus, c'est votre sacerdoce
> Perpétué sur terre en des hommes mortels
> Que vous prédestinez, dès leur âge précoce
> Au service de vos autels.

> Le prêtre, voilà bien avec la sainte hostie,
> Le plus riche présent de votre divin Cœur
> À notre humanité défaillante, affaiblie,
> Dans sa marche vers le bonheur.

> Vous ne l'avez pas pris au milieu de vos anges,
> Dans les splendeurs des cieux où le mal est banni,
> Car il s'étonnerait de nos luttes étranges
> Pour monter jusqu'à l'infini.

Votre prêtre, ô Jésus, est vraiment l'un des nôtres :
Faillible, il comprend mieux notre fragilité...
En l'élevant pour nous au rang de vos apôtres,
Vous l'avez pétri de bonté.
Oh ! le prêtre à l'autel, hostie avec l'hostie !...
Impuissante à chanter sur ce thème divin,
Je me tais... Il faudrait à mon âme ravie
La harpe d'or d'un Séraphin...

(juin 1922)

On pourrait faire ici des rapprochements avec la lettre aux Hébreux. Toute la théologie sur le prêtre est décrite de la même façon : participation à l'unique sacerdoce, choix et prédestination, service auprès des hommes fragiles, propre faiblesse du ministre choisi. Il ne manque rien.

De même, dans ses lettres à ses deux frères prêtres, sans les sermonner, Sœur Jean-Baptiste leur rappelle leur rôle éminent et leur lourde responsabilité. «Imitez ce que vous touchez» leur dit-elle, comme au jour de leur ordination.

La troisième personne de la Trinité n'est pas oubliée dans la spiritualité de Sœur Jean-Baptiste. Tous ses livres en suintent. Elle sait que c'est sous la mouvance du Saint-Esprit qu'elle peut dire «Abba, Père !» Dans ses carnets, ses demandes de lumières au Saint-Esptit sont constantes. De même, dans ses poèmes, elle fait continuellement appel à son aide. Ainsi, dans un hymne en son honneur composé en décembre 1920, elle lui dit :

Esprit Saint, c'est donc toi que mon Jésus me donne
Pour Maître et Directeur !
En toute confiance, à Toi, je m'abandonne,
Ô Sanctificateur !
L'amour, rien que l'amour ! c'est mon programme unique
Mon plan de sainteté :
Viens m'apprendre comment le réduire en pratique,

Esprit de charité !
En une flamme ardente et communicative,
Esprit Saint, change-moi,
Afin qu'à mon contact, le feu divin s'avive
En tout cœur tiède et froid.

Quant à ses livres, on peut suivre en filigrane, sa présence constante. Par exemple, dans *La foi en l'amour de Dieu*, elle adresse cette prière à l'Esprit à la fin de son chapitre sur la présence de Dieu en nous :

Ô Esprit Saint, Artisan de toute beauté intérieure, poursuivez sans relâche le travail d'embellissement de ce temple qu'est ma pauvre âme. Je vous en supplie, ne chômez jamais en moi. Éclairez-moi, stimulez-moi, corrigez-moi, inspirez-moi, brûlez-moi ! Et puis, que par vous se fasse enfin l'union tant désirée de mon âme avec le Bien souverain qui l'a ravie ! (9)

Un autre trait caractéristique de la spiritualité de Sœur Jean-Baptiste est son amour filial pour la Vierge Marie. Elle lui consacre toutes ses dédicaces ou lui offre ses hommages à la fin de chacun de ses livres. Elle la propose comme modèle accompli de toute vie spirituelle dans *L'Abandon filial* (10) et suivantes ; elle écrit sur elle, un grand nombre de poèmes et d'élévations. Il y aurait là objet d'une thèse sur la piété mariale de Sœur Jean-Baptiste. En un mot, elle en parle continuellement.

Dans l'un de ses plus beaux poèmes, *Ma mère du ciel*, elle parle ainsi à Jésus :

Entre les dons divins que ton amour immense
Nous a faits, ô Jésus, il en est un si doux,
Que je veux aujourd'hui, dans ma reconnaissance,
T'en remercier à genoux.

Je voudrais le chanter en des strophes si belles,
Avec des mots du cœur si tendres, si brûlants,
Que pour les écouter, des sphères éternelles,
Les anges cesseraient leurs chants !
(...)

Être enfant de Marie et goûter sa tendresse
Et pouvoir l'appeler «ma Mère» comme toi,
Divin Jésus, voilà mon sujet d'allégresse,
La cause de mon saint émoi.
(...)

Il ne suffisait pas que ton Père céleste
Par la grâce eût daigné m'adopter comme enfant ;
Tu voulus me donner aussi ta propre Mère,
Seul bien de ton Cœur expirant.
(...)

Sœur Jean-Baptiste sait bien que la meilleure preuve de son amour de la Vierge est la garde fidèle de la parole de son Fils «Qu'il garde mon commandement celui qui m'aime !» Elle se souvient aussi de la recommandation de Marie aux noces de Cana : «Faites tout ce qu'il vous dira !» C'est pourquoi, elle ajoute :

Pour moi, c'est en aimant Jésus, le Bien suprême,
Que j'ai trouvé, sans nul détour,
L'art de faire plaisir à sa Mère elle-même
Et de répondre à son amour !
(8 mai 1930)

Parmi ses autres dévotions, en plus évidemment de son culte pour sainte Thérèse de l'Enfant-Jésus, elle nous parle de son Ange gardien, de saint Joseph. Elle aime à rappeler le jour de son baptême le premier mars, jour de l'ouverture de son mois. Elle l'invoque comme patron de la vie intérieure et protecteur de Jésus. Parmi les autres saints, elle invoque saint Thomas d'Aquin. De celui-ci, elle nous dit qu'elle l'aime «depuis l'âge de treize ans». Ayant entendu dire qu'on l'avait surnommé l'Ange de l'École, j'eus la naïveté de croire, raconte-t-elle, qu'il s'agissait d'un titre qui le préconisait modèle des écoliers. Je le priais souvent, surtout avant de me mettre au travail de la composition française qui était ma matière favorite. Maintenant, je sais mieux à quoi m'en tenir sur l'Ange de l'École et je ne l'aime que davantage. Son génie lui a fait traiter toutes les questions théologiques avec une si grande sagesse surnaturelle m'est un sujet de vive admiration. Je ne m'explique pas autrement mon affection pour ce grand Docteur qu'en raison de mon attachement à la sainte Église qui a reçu tant d'éclat de la science de cet admirable saint.

Elle aime aussi Jean Berchmans pour «la simplicité de sa vie, l'amabilité de son caractère et cet admirable ensemble de qualités naturelles et surnaturelles qu'il avait reçues de Dieu et qu'il sut si bien développer dans le train ordinaire de la vie commune, sa grande mortification, c'est-à-dire par l'observance de ses règles.»(10) On voit encore ici que son admiration pour ce saint vient du fait qu'il s'est sanctifié dans l'accomplissement des choses ordinaires accomplies de façon non ordinaire «*communia non communiter*», ce qui caractérise le fondement de la petite voie de sainte Thérèse.

De même, son admiration pour sainte Agnès est basée sur le même supplice de son lent martyre qui l'immole chaque jour dans les petites tâches accomplies avec amour.

> Au Christ dans un tourment nouveau :
> Oui, son amour est mon divin bourreau.
>
> (21 janvier 1896)

***

En somme, la spiritualité de Sœur Jean-Baptiste s'enracine dans la plus solide théologie de l'Église. Elle a son centre dans sa perception unique et son expérience intérieure du mystère de l'Amour qui occupe le centre de sa vie et en devient son foyer d'unité. Certes, elle a reçu une première impulsion de son milieu familial, mais c'est dans sa communauté religieuse à qui Mère Gamelin avait donné son charisme d'amour, qu'elle a développé ses dons intérieurs et, grâce à sa fidélité au Saint-Esprit, leur a donné une dimension apostolique, aidée en cela par la spiritualité d'enfance de sainte Thérèse de l'Enfant-Jésus.

Dans *Perfectae caritatis*, (VI) on lit : «que tous ceux qui professent les conseils évangéliques cherchent Dieu et l'aiment avant tout. Lui qui nous a aimés le premier (I Jean, 4,10), et qu'en toutes circonstances, ils s'appliquent à se tenir dans la vie cachée en Dieu avec le Christ» (Col. 3,3), d'où s'épanche et se fait pressante la dilection du prochain pour le salut du monde et l'édification de l'Église.»

Telle a été la vie de Sœur Jean-Baptiste, amante passionnée de l'Amour, toute cachée en Dieu et aux yeux des autres mais qui, comme victime offerte en hostie de louange, a travaillé pour le salut du monde qu'elle portait dans son cœur.

Le message qu'elle nous a laissé dans ses livres est toujours d'actualité. Elle n'a parlé que d'Amour et l'Amour est éternel.

***

1) *La foi en l'amour de Dieu*, p. 141-142.
2) *id.*, p. 147-148
3) *ibid.*, p. 227
4) *ibid.*, p. 177-197
5) *ibid.*, p. 300

6) *ibid.*, p. 199-223
7) *ibid.*, p. 87-103
8) *ibid.*, p. 104-120
9) *ibid.*, p. 247
10) *L'Abandon filial*, p. 65-67
11) *Notes intimes*, p. 292

L'ACTUALITÉ DE
SŒUR JEAN-BAPTISTE

Le message de Sœur Jean-Baptiste n'a jamais été autant d'actualité qu'aujourd'hui. Regardons cet engouement et cette frénésie pour les sectes qui pullulent partout. Chacun cherche une dimension spirituelle, l'eau vive dans des «citernes lézardées» comme dirait Jérémie (2,13) mais des citernes qui ne retiennent pas l'eau. Et c'est le grand désenchantement et la multiplication de suicides.

En somme, le drame de notre société, c'est un besoin d'amour insatisfait. Faites une petite virée dans les bars gais de Montréal. Vous vous croiriez dans un véritable marché! On pense rencontrer là l'Amour avec un grand A. Et l'on sort désabusé : les rencontres ont apporté plus de frustrations qu'un supplément d'âme. En fait, c'est la quête angoissée d'Augustin : «je voulais aimer et être aimé». «*Amabam amari et amabam amare!*» Et cette quête frénétique recommence le soir suivant. C'est la plainte éplorée de l'épouse haletante du *Cantique des Cantiques* : «Je chercherai celui que mon cœur aime, je circulerai dans les rues, sur les places, je l'ai cherché et je ne l'ai point trouvé!» (3, 2)

Supposons maintenant que vous proposez à ces chercheurs avides cet amour comblant mais exigeant qu'ils désirent tellement. Combien de jeunes se lanceraient dans cette course avec autant de fougue que de frénésie !

Eh bien ! c'est l'itinéraire spirituel de Sœur Jean-Baptiste. Elle nous indique comment combler cette soif inextinguible d'amour. Elle nous dit d'abord que cet amour surabondant est possible ! Qu'il n'est pas loin, à la portée de chacun et de chacune de nous, qu'il est en nous, qu'il faut y croire et qu'elle l'a rencontré !

Comme l'épouse désespérée du *Cantique des Cantiques*, j'entends les jeunes la questionner : «L'avez-vous vu celui que mon cœur aime ?» Leur soif empressée est aussi actuelle que celle des chercheurs de bonheur.

Et j'entends Sœur Jean-Baptiste leur répondre : «Oui, je l'ai trouvé celui que mon cœur aime ; je l'ai saisi et je ne le lâcherai pas» (*Cantique des Cantiques*, 3, 4) «Il a pris mon cœur par un seul de ses regards.» (4, 9), comme il l'a fait en regardant Pierre.

Photo de Sœur Jean-Baptiste, prise sans doute
au jour de sa profession.

Prenez une petite minute pour scruter le sien son regard. Il est clair, limpide, direct. (voir photo, en page 88). Il reflète toute son âme. Tout est lumineux en elle. Regardez la paix et le sérénité de son visage. Il y a quelque chose d'indéfinissable...

Une fois qu'elle a saisi l'amour ou plutôt comment elle a été saisie par l'amour, Sœur Jean-Baptiste nous explique combien cet Amour est fort. «Comme la Mort!» (8, 6) «Les grandes eaux – ou si vous voulez les plus grandes épreuves – ne peuvent éteindre l'Amour ni les fleuves le submerger!» (VIII, 7). C'est comme un feu dévorant qui consume tout l'être. Tout le reste à côté ne vaut rien. «Si quelqu'un donnait tous les biens de sa maison pour l'Amour, on n'aurait pour lui que mépris!» (7 ,7).

Voilà enfin ce que nous cherchons. «Celui qui peut faire, par la puissance qui agit en nous, infiniment plus que nous demandons et concevons» (Ép. 3,20) nous aidera à faire le reste. L'aventure commence par un grand acte d'abandon, «ce fruit délicieux de l'amour» puisque «aimer, c'est tout donner et se donner soi-même» au dire de sainte Thérèse. N'est-ce pas le désir le plus secret de toute personne humaine ?

Qui ne serait pas intéressé à se laisser «saisir ainsi par le Christ» (Ph 3,12) pour cette folle aventure de l'Amour ? Tout ce qu'il exige, c'est la sincérité absolue.

Je suis convaincu que beaucoup se laisseront tenter par le message de Sœur Jean-Baptiste. Ce n'est pas un risque calculé que de s'enfoncer dans l'Amour infini qui peut combler les désirs les plus forts du cœur. Elle, elle sait où elle va, comme la petite Thérèse qui à l'âge de quatorze ans, s'était offerte à Jésus pour être son jouet de nulle valeur dont il put disposer à son gré. Sœur Jean-Baptiste a suivi cette voie et n'a pas été déçue. Cette voie est toute simple. C'est l'attitude des petits enfants qui s'abandonnent totalement. Le royaume est justement promis à ceux qui se font petits comme eux. (Mc 10, 15).

Entendons seulement l'appel qu'elle nous lance ou plutôt l'appel de celui que nous voulons aimer : «Je t'aiderai, je te soutiendrai, je te guiderai, je te consolerai». Le risque est-il si grand ? Après tout, «si Dieu est pour nous, qui sera contre nous ?»(Rm 8, 31) D'ailleurs, «qui nous séparera de l'amour du Christ? La détresse, l'angoisse, l'affliction, la faim, le dénuement, le danger»? (8, 36) N'est-ce pas là la litanie des malheurs que nos jeunes nous racontent tous les jours? Comme ils sont actuels les problèmes dont parle Paul aux Romains! Sa réponse comme celle de Sœur Jean-Baptiste est nette :

«Eh bien, non, nous sommes vainqueurs de tout cela par Celui qui nous a aimés. Ni la mort, ni la vie, ni le présent, ni l'avenir, ni aucune créature, RIEN ne pourra nous séparer de l'amour que Dieu a manifesté en Jésus Christ notre Seigneur» (Rm 8, 37).

Sœur Jean-Baptiste n'enseigne rien d'autre, sinon cette sécurité totale qu'on trouve en Dieu Amour. Elle s'y est plongée et veut tout simplement faire partager son expérience enrichissante. Dans ses poèmes, elle nous crie :

> J'ai rêvé d'annoncer au monde
> Combien ton joug est doux, Seigneur,
> Et quelle intime paix inonde
> Ceux qui te servent de bon cœur.
>
> Place-moi sur une altitude
> D'où ma voix, traversant les mers,
> Puisse atteindre en son amplitude
> Tous les endroits de l'univers.
> (...)
> Je leur dirai que ta tendresse
> Est un abîme en profondeur....

C'est dans cet abîme qu' elle veut nous plonger. Elle ne peut pas ne pas parler. Il semble que Dieu ait mis ses paroles dans sa bouche comme pour le prophète Jérémie à qui il disait : «Voici que j'ai placé mes paroles dans ta bouche!» (1, 9). Par elle, il nous dit encore : «Tu seras comme ma bouche!» (15, 19)

Sœur Jean-Baptiste a le cœur plein de Dieu et elle en parle avec feu. «Allez donc demander au feu ne pas être chaleur, au soleil ne pas être lumière!» explique-t-elle. Cette nécessité impérieuse la rend convaincante. Elle parle au cœur de chacun de nous.

Dans le silence, écoutons-la. Les flammes jailliront!

***

COURTE BIOGRAPHIE DE SŒUR JEAN-BAPTISTE

29 février 1896 : naissance à Providence, Rhode-Island (É.-U.)

1898 : retour de la famille au Québec.

études au couvent de Saint-Tite chez les Sœurs de la Providence.

21 août 1913 : entrée chez les Sœurs de la Providence de Montréal.

27 février 1914 : noviciat

28 février 1915 : profession chez les Sœurs de la Providence.

– elle reçoit le nom de Sœur Jean-Baptiste

– s'offre en victime pour les âmes sacerdotales et religieuses et la conversion des pécheurs.

– elle est nommée « aide » au secrétariat général.

28 février 1919 : profession perpétuelle.

17 mai 1925 : canonisation de sainte Thérèse de Lisieux.

8 septembre 1926 : vœu d'abandon au bon plaisir divin.

1926 :	grand abattement : à l'infirmerie pour quelques mois.
1929 : :	*Une âme de prêtre* aux éditions Saint-François
1931 :	*L'Apostolat de l'élite cachée :* aux éditions Saint-François.
1934 :	*La foi en l'amour de Dieu.*
mai 1939 :	grave opération à l'hôpital de Verdun
24 avril 1942 :	*Le Service d'amour*
1944 :	*Pour mieux servir Dieu.*
1946 :	zélatrice de la Garde d'Honneur du Sacré-Cœur.
17 avril 1950 :	pieuse mort de Sœur Jean-Baptiste.
1951 :	*L'Abandon filial :* œuvre posthume.
1982 :	exhumation des restes déposés dans un cercueil de métal enseveli dans le cimetière des religieuses, (cimetière de l'est) dans un lieu à part.

TABLE DES MATIÈRES